W0360275

VOYAGER
et voir le monde
AUTREMENT

VOYAGER
et voir le monde
AUTREMENT

Nouvelles tendances et destinations de voyage

Jeralyn Gerba et Pavia Rosati
Fondateurs de

FATHOM

www.fathomaway.com

PARTIE VII

Voyages responsables 109

PARTIE VIII

Un hôtel pour destination 121

PARTIE IX

Faire durer le plaisir 167

PARTIE X

À emporter 173

PARTIE I

Partir

Le monde vous attend

Le nouvel âge d'or du voyage.

Aujourd'hui, voyager est devenu monnaie courante. La démocratisation aidant, nos horizons se sont élargis. Grâce à l'interconnectivité, aux nouveaux produits et technologies, l'évolution des moyens n'a pas seulement façonné notre manière d'explorer le monde, elle en a aussi modifié le sens.

Toutefois il existe deux sortes de voyageur : celui qui voyage pour le plaisir, sans sortir de sa zone de confort. Il séjourne dans des lieux qui lui ressemblent et mange ce qu'il connaît. Tout est si simple de nos jours. Avions et bateaux nous relient facilement à tant d'endroits inatteignables auparavant. N'importe qui peut faire une croisière en Antarctique, parcourir les plaines du Serengeti et passer de capitale en capitale avec une relative facilité, si on met de côté sa conscience écologique et si on a les moyens et le temps bien sûr. L'offre est telle que l'on peut se retrouver où l'on veut sans se soucier de quoi que ce soit, sans avoir à connaître quelques coutumes locales ou apprendre les rudiments d'une langue. Quelques rapides transferts (avion, taxis), quelques selfies, et le voyage touche déjà à son terme.

L'autre voyageur appartient à la catégorie des globe-trotteurs. Il voit aussi le monde comme une source de plaisirs infinis. Mais il a conscience que les véritables joies d'un périple s'accompagnent d'angoisses, de frustrations et d'une humilité inhérentes à toute immersion véritable.

Voyager est pour lui une occasion de transformation et de découverte de soi, un moyen de se mesurer à l'immensité du monde. Il sait intuitivement ou par expérience que certains des plus grands défis de la vie peuvent trouver leur résolution dans une expédition improvisée, que le voyage est source d'une solitude qui rend plus fort ou de rencontres inattendues. Les grandes aventures commencent parfois par un seul changement d'altitude et même une seule journée peut parfois faire toute la différence.

Page de gauche : les palmiers évoquent pour tout un chacun soleil et ciel bleu. Ici au Kerala, Inde

COMME BON VOUS SEMBLE

Bonne nouvelle ! Il n'y a jamais eu de meilleur moment pour voyager. Aujourd'hui, on peut aisément :

- se faire de nouveaux amis dans un bar de Copenhague
- apprendre le surf sur la côte Pacifique au Nicaragua
- donner des cours particuliers à l'autre bout du monde
- prendre un bain chaud dans l'un des *ryokans* les plus reculés du Japon
- dormir en tente sous le ciel étoilé du Montana

Mais le choix est tel qu'il peut être difficile. Alors où, quand et comment ? Toutes ces questions animent Fathom, le site Internet que nous avons créé (fathomaway.com), fruit d'une décennie de collectes d'informations auprès d'un réseau de voyageurs habitués à vivre un peu partout dans le monde (chefs cuisiniers, romanciers, designers, hôteliers, musiciens…).

En tant que journalistes, nous avons toujours eu à cœur de partager nos découvertes les plus passionnantes avec nos lecteurs. En tant que voyageurs, nous aimons être tour à tour aventuriers, amateurs de *farniente*, grands gourmands ou passionnés d'histoire, athlètes, esthètes, ambassadeurs ou enthousiastes.

En plus d'anecdotes, de conseils et de belles illustrations, nous avons souhaité adopter une approche réfléchie et intelligente, et offrir des pistes pour devenir un meilleur globe-trotteur et citoyen du monde : sortir des sentiers battus, savoir où aller déguster un repas extraordinaire, et trouver des moyens sympas pour se rendre utile et même faire le bien. Organisées par thème, nos suggestions ne sont pas présentées dans un ordre particulier puisqu'elles restent par essence inclassables.

Notre objectif : vous aider à vivre un voyage total, en mettant l'accent sur l'ouverture d'esprit, l'expérience et la transformation.

Vivre pour voyager ou voyager pour vivre, ou un peu des deux, nous espérons que ce livre vous rendra le monde plus familier, plus accessible, mais non moins merveilleux.

NOTRE HISTOIRE

Si chaque grande aventure débute par une idée, la nôtre a commencé il y a plus de dix ans, lorsque nous avons essayé d'imaginer à quoi ressemblerait notre site de voyage idéal. Tout d'abord, il devrait combler le fossé existant entre journalisme classique et nouvelles technologies. Il ne nous submergerait pas de propositions, mais nous amènerait à découvrir des lieux par le prisme d'expériences vécues. Nous voulions vraiment nous démarquer des centaines de sites Internet « les 10 choses à faire absolument ». Et nous avons pensé que n'étions sûrement pas les seuls dans ce cas-là.

L'idée ayant germé, Fathom est né peu de temps après. Ce nom reflète notre volonté qu'il soit à la fois pratique (telle la « brassée », une unité de mesure réelle) et stimulant (*fathom* évoque aussi « comprendre, concevoir »).

En cours de route, une communauté de voyageurs nous a rejoint et nous a permis de faire de Fathom ce qu'il est aujourd'hui : un ensemble de voix et d'histoires singulières s'articulant autour d'idées, animés par la même soif d'exploration et de découverte, qui précisent ce qu'est une escapade, un voyage ou une expédition.

Pour le fun : le verbe *fathom* signifiait à l'origine « mesurer en encerclant avec les bras » et était synonyme d'« embrasser ». Aujourd'hui, on l'utilise souvent comme l'équivalent d'« aller au fond des choses ».

Page de gauche, haut : bar au sommet du L.A. Jackson, Nashville ; centre : dans la brise himalayenne ; bas : Piss Alley, Tokyo.
Cette page, haut : dans le Grand Canyon à tout âge, États-Unis

PARTIE II

Sortez les cartes du monde !

Tout le monde en parle

Avant d'aller plus loin, mettons les choses au clair : nous n'avons pas d'a priori. Ce chapitre vous propose juste la liste des destinations tendance qui vous permettra de faire un choix et d'y aller avant tout le monde ! Avez-vous déjà remarqué comme certains lieux attirent soudain le visiteur, comme mués par une force magnétique ? Souvent cela s'explique aussi par le fait que des villes sont brusquement sous les feux de la rampe, quand elles sont déclarées Capitales de la culture par exemple ou que de nouvelles infrastructures touristiques voient le jour, et nous donnent furieusement envie d'y aller.

Matera, ville troglodyte de la Basilicate en Italie et Plovdiv, ville au Sud de la Bulgarie ont été récemment intrônisées l'une et l'autre Capitales européennes de la culture. Cela a permis de mettre en lumière leur patrimoine et elles ont attiré un grand nombre de visiteurs. Lille sera « Capitale mondiale du Design en 2020 », et présentera, entre autres, des projets créatifs et collaboratifs en matière d'urbanisme et de développement des espaces publics.

D'autres destinations vont attirer également les visiteurs car elles proposent des installations nouvelles. Ainsi, récemment achevé, le Jordan Trail (Jordanie) promet une randonnée de 644 km du Croissant fertile à la mer Rouge. Quarante jours, un nombre symbolique sur cette terre biblique, seront nécessaires pour parcourir ce GR, en passant par l'ancienne route du Roi et en traversant des lieux iconiques tels que le site archéologique de Petra ou le désert du Wadi Rum et ses oasis.

Dans ce chapitre, nous avons sélectionné particulièrement des destinations qui sont encore des lieux de sérénité et où l'accueil sera bienveillant. Si vous voulez recharger vos batteries et retrouver de l'énergie, ce seront les meilleurs endroits du moment.

Page de gauche : chameaux parés de pompons colorés devant les pyramides, Gizeh.
Cette page, haut : un jour à Ljubljana, Slovénie ; bas : les Açores, Portugal.
Page suivante : navigation entre les icebergs, Jokulsarlon, Islande

L'ARCTIQUE

Selon les derniers rapports, les pertes en étendue et en épaisseur des banquises du globe rejoignent les prévisions les plus alarmantes, avec des conséquences dramatiques sur cet écosystème unique. Si nous souhaitons voir ces merveilles avant qu'il ne soit trop tard, nous pouvons y aller en restant responsable et avec des professionnels soucieux de leur impact sur l'environnement. Les récompenses n'en seront pas moins superbes : aurores boréales, soleil de minuit, icebergs, glaciers, ours polaires, baleines et otaries… L'Alaska, le Groenland, la Norvège, la Russie et le Canada se partagent le pôle Nord, en constante mutation. Le Nunavut, territoire le plus septentrional du Canada, en est le plus proche. Les options pour y séjourner comprennent : l'Arctic Haven Wilderness Lodge, une auberge de 12 chambres sur le lac Ennadai, alimentée presque entièrement à l'énergie verte et gérée par une famille d'explorateurs pionniers de l'Arctique (weberarctic.com); l'Arctic Kingdom, qui propose d'excellentes excursions en petits groupes avec des activités telles que montgolfière, plongée sous-marine et hébergement en gîtes et tentes (arctickingdom.com). Si vous préférez prendre le bateau, les croisières de Ponant's Expedition parcourent Norvège, Groenland, Suède et Canada. En train, Golden Eagle Luxury Trains' Arctic Explorer organise, au Nouvel An, le luxueux circuit des aurores boréales sur une ligne reliant Moscou à Saint-Pétersbourg (goldeneagleluxurytrains.com).

LES AÇORES, PORTUGAL

Le Portugal fait partie des destinations au top ces dernières années. Désormais, visiter les Açores, un archipel autonome au large de l'Atlantique, s'impose. Cet ensemble de 9 îles, reliées entre elles par des ferries, reste une échappée hors des sentiers battus, que ce soit pour observer des baleines, pratiquer le parapente, la plongée sous-marine ou l'alpinisme. Les îles de Corvo, Graciosa, Flores et São Jorge sont classées réserves de la biosphère par l'Unesco. Les Açores attirent toute l'année, mais mieux vaut faire coïncider son séjour avec le Tremor Festival (musique) à São Miguel en avril, les Sanjoaninas (fêtes traditionnelles remontant au 16e siècle) en juin, ou le grand feu d'artifice du Nouvel An. Pour s'y rendre, rien de plus rapide et facile, d'où que l'on vienne, avec des vols directs depuis de nombreux pays.

LA PÉNINSULE DE BASSE-CALIFORNIE, MEXIQUE

Au nord-ouest du Mexique, la péninsule de Basse-Californie s'est développée grâce à une poignée d'hôtels au design et au charme incontestables assortis de restaurants bio de qualité. La Valle de Guadalupe, au nord de la péninsule, est la nouvelle région viticole en vogue, et voit prospérer des établissements prêts à ravir le palais des œnologues et gastronomes les plus avisés. À la pointe sud de la péninsule, la tranquille Todos Santos se révèle un paradis pour les surfeurs et les artistes du monde entier. On rejoint maintenant cette station balnéaire directement depuis l'aéroport de Los Cabos en empruntant la nouvelle autoroute, qui sillonne l'austère Sierra de la Laguna et traverse un désert parsemé de cactus immenses.

LE CAIRE, ÉGYPTE

Après le Printemps arabe et l'éviction de deux présidents, la situation politique s'est stabilisée en Égypte, transformant Le Caire en une ville au dynamisme croissant rapidement. Le nouveau Grand Musée égyptien, le plus grand musée archéologique du monde – une entreprise colossale d'un milliard de dollars – va rassembler les plus précieux objets antiques du pays. Beaucoup ont été pillés et dispersés dans des musées du monde entier, avant d'être restitués à leur patrie d'origine (gem.gov.eg). Préparant une affluence touristique importante, hôtels et bateaux du Nil ont été rénovés ou reconstruits entièrement. Les restaurants du Caire affichent, quant à eux, une approche plus moderne de la cuisine traditionnelle égyptienne et espèrent ainsi capter une nouvelle clientèle.

Page de gauche : drapeaux flottant au-dessus des rues, San José del Cabo.
Cette page, à gauche : piscine de Las Ventanas, Los Cabos ; à droite : les Açores ; bas : en route vers la nécropole de Gizeh, Égypte

Pour le fun : sur les 195 pays que compte aujourd'hui la Terre, 34 d'entre eux existent seulement depuis 1990.

LE CAP, AFRIQUE DU SUD

La deuxième ville la plus peuplée d'Afrique du Sud est en général un arrêt obligatoire sur un itinéraire incluant safaris dans les parcs nationaux, visite de vignobles et Garden Route sur la côte Sud-Est. Cependant Le Cap est une destination à part entière, et peut se mesurer à Buenos Aires ou Séoul. Toujours en plein essor, le quartier Victoria & Albert Waterfront abrite le nouveau Zeitz Museum of Contemporary Art Africa (MOCAA), le premier musée d'art contemporain du continent africain. L'architecte Thomas Heatherwick a converti un ancien silo à grains (autrefois le plus haut bâtiment d'Afrique subsaharienne) en une incroyable série de quelque 80 galeries d'art (zeitzmocaa.museum). Les excellentes boutiques, la cuisine, le design local, la météo et les paysages viticoles des environs sont autant de raisons de visiter au plus vite cette métropole.

CUBA

Alors que Cuba s'éloigne peu à peu de 60 ans de régime castriste, le pays s'adapte à l'afflux de visiteurs résolus désormais à explorer le pays en profondeur et à aller au-delà des nuits de La Havane et de leur chaude ambiance. Cela ne veut pas dire que les charmes de la capitale avec ses restaurants sur les toits et ses rutilantes Chevrolet d'époque n'opèrent plus. Mais poursuivre le périple jusqu'à Santiago de Cuba, Cienfuegos et la féerique Trinidad, villes moins connues, sera une expérience plus rare et sans doute plus enrichissante. Pour sortir des circuits traditionnels, arrêtez-vous par exemple à Camagüey, charmante cité coloniale du centre de Cuba, à Baracoa, plus paisible et plus isolée. Les séjours à la ferme, les balades à vélo à travers la campagne et les aventures en kayak dans le parc national de la Ciénaga de Zapata (l'une des plus grandes zones humides intactes des Caraïbes) offrent de nouvelles perspectives sur cette île unique.

LES ÎLES FÉROÉ, DANEMARK

Envie de nature sauvage et intacte ? Ne cherchez pas plus loin, visitez cet archipel autonome isolé composé de 18 îles volcaniques situé entre l'Islande et la Norvège. Ses falaises rocheuses, ses jolis alignements de maisons rouges et son paysage sauvage s'atteignent en avion rapidement à partir de plusieurs pays, dont le Danemark, la France, l'Islande et la Norvège. Sur place, ne ménagez pas vos efforts et gardez à l'esprit que vous devrez parfois marcher plusieurs heures pour rallier certains lieux. Sachez toutefois que de nombreuses îles demeurent difficilement accessibles. Depuis son ouverture en 2011, Koks, le premier restaurant étoilé au *Michelin* des îles, tente des curieux venus de toute l'Europe (koks.fo). Pour loger, le Havgrím Seaside Hotel propose 14 chambres donnant sur l'île de Nolsoy (hotelhavgrim.fo).

Page de droite : perdu dans le vert et le bleu des îles Féroé.
Cette page : l'atelier du sculpteur Dylan Lewis, Stellenbosch, Afrique du Sud

CONSEIL #01

Ne soyez pas trop exigeant

& profitez de l'aventure

Les nouvelles destinations n'ont pas toujours les mêmes infrastructures que les lieux plus touristiques, et c'est une bonne chose. Quelle meilleure façon de s'immerger dans un pays où tout n'est pas pensé pour répondre à nos désirs habituels ! Rappelez-vous que vous êtes là avant tout pour expérimenter autre chose. Voyager, c'est vivre des aventures, petites ou grandes, mais surtout briser le carcan de ses routines, de ses habitudes. Pas de panique si quelques repères manquent :

Barrière de la langue.
Avant de partir, apprenez quelques mots clés dans la langue du pays où vous vous rendez : bonjour, au revoir, s'il vous plaît, merci, les toilettes ?, etc.

Où est le wifi ?
Vous êtes en vacances, oubliez votre téléphone ! Prenez le temps de vivre.

Pas de distributeurs ?
Vous pouvez changer de l'argent auprès des banques, ou alors, changez assez d'argent avant de partir.

Heures d'ouverture.
Eh, oui, tout le monde ne pense pas qu'il est indispensable de faire des courses à 22 h, ou même le dimanche.

Les grandes chaînes (Marriott, Starbucks, McDonald's).
Redécouvrez plutôt le marché et les joies d'acheter des produits frais aux habitants.

Room service (24/24).
Ou encore clubs sandwiches, gymnase avec vos appareils de fitness préférés, accès à une imprimante… Allez plutôt faire un tour le long de la plage et réconciliez-vous avec la nature.

Régimes alimentaires (paléo, sans gluten, céto).
Votre mode de vie avant-gardiste n'a pas encore atteint cette contrée lointaine ? La cuisine qu'on prépare ici pourrait être une révélation, si vous lui laissez une chance ! En revanche, si vous souffrez d'allergies, notez ces détails dans la langue locale pour éviter toute confusion dans les restaurants et faites-vous aider par le personnel de l'hôtel ou vos hôtes.

Destinations intemporelles

Il y a des modes dans beaucoup de secteurs et c'est vrai aussi pour les voyages. Certes, il y a des destinations tendance, mais aussi des lieux intemporels que l'on ne se lasse pas de redécouvrir. Et quel mal y aurait-il à aimer une ville ou un pays qui tiennent leurs promesses et d'où l'on revient toujours ravi ? Rien n'est jamais intemporel vraiment par hasard.

Toutefois, les lieux reputés ont leur revers de médaille et vous n'y serez pas seuls. Cités d'art, stations balnéaires ou de montagne peuvent être en effet saturées. Ces lieux accueillent des hordes de visiteurs et des marchands du temple vendant des babioles et une nourriture de piètre qualité, prétenduement locale. Mais il y a toujours un moyen d'échapper à la foule en se rendant, par exemple, dans les îles grecques en octobre au lieu d'août, en flânant près de la fontaine de Trevi à minuit plutôt qu'à midi, ou en réservant un hôtel à Tribeca à défaut de Times Square. Mais à certains moments, vous devrez prendre votre mal en patience. Ces endroits n'attirent pas les foules pour rien. Vous en priver reviendrait à renoncer à des découvertes et des souvenirs inoubliables.

Page de gauche : image d'Épinal de Grèce.
Cette page, haut : une rue de Rome ; bas : certaines îles ne se démodent jamais

LA MÉDITERRANÉE

Les îles grecques, la côte Amalfitaine, Capri, les îles Baléares et la Côte d'Azur.

Glamour inouï, déjeuners savoureux sur une terrasse ombragée, vin local délicieux, couchers de soleil splendides, mers scintillantes, falaises fascinantes, grottes fraîches…

Les hommes naviguent sur la Méditerranée depuis des siècles, bien avant que la jet-set n'en fasse son terrain de prédilection dans les années 1960. Ibiza, Saint-Tropez, Capri, Mykonos évoquent le farniente et les bains de soleil, la gastronomie, les baignades et toutes les autres activités qui rendent mémorables les chaudes journées ensoleillées et les nuits étoilées. Pourquoi ces lieux restent-ils sous les feux de la rampe ? Tout est mentionné dans le premier paragraphe ! Il y a une raison pour laquelle les vacanciers y reviennent encore et encore, souvent dans les mêmes criques, restaurants, marinas et hôtels que par le passé : ils offrent tout simplement ce dont on peut rêver et cela depuis des siècles.

Pour le fun : mettez vos pas dans ceux des célèbres jet-setters du milieu du 20e siècle : Brigitte Bardot, Grace Kelly, Sammy Davis Jr, Gianni Agnelli et Alain Delon.

Page de droite : plage de Recommone, côte Amalfitaine. Cette page, haut : façades baignées par le soleil d'été ; bas : l'Acropole, Athènes

Zèbres dans le cratère du Ngorongoro, Tanzanie

L'EUROPE CLASSIQUE

Londres, Paris, Rome

Les grandes capitales européennes ont forgé la civilisation occidentale depuis des siècles, en art et littérature, en culture et religion, en politique, en artisanat et cuisine. Cette tradition a perduré. Principales étapes du Grand Tour qu'effectuaient les jeunes nobles dès le 17e siècle, elles le demeurent pour les jeunes qui aujourd'hui font des tours d'Europe. Et si ces villes – et les visiteurs qu'elles attirent – se distinguent à bien des égards, la qualité qui leur a permis de conserver cette légitimité est leur capacité à se réinventer. Rome possède le Colisée mais également le musée national des Arts du XXIe siècle (maxxi.art). Paris a le palais Garnier et l'opéra Bastille, Londres le London Bridge (13e siècle) et le Millennium Bridge (21e siècle). Ces métropoles en perpétuelle évolution sont inépuisables. Peut-on voir tout Paris en une seule fois ? Impossible. C'est bien pour ça qu'on y retourne.

LE SAFARI AFRICAIN

Afrique du Sud, Botswana, Kenya, Zambie, Tanzanie

Les émotions que vous procure ce voyage sont si fortes qu'il vous semble que tout le monde peut entendre votre coeur battre. Réveillé à l'aube, vous partez à la recherche des empreintes de pas dans l'herbe, et apercevez une lionne à quelques mètres, rongeant une carcasse. Vous retenez votre respiration, mais elle ne semble pas se soucier de vous. Vous vous sentez alors minuscule dans cette immensité. Vous réalisez ce safari non seulement pour admirer les grands fauves et les immenses troupeaux de gnous sauvages – dont l'âcre odeur flotte encore dans vos narines –, mais pour voir cette nature vivre selon ses propres règles. Vous percevez les incroyables sensations que cela vous procure. Appréciez le caractère unique de chaque rayure de zèbre, termitière, arbuste ou cri de vautour. S'immerger dans la savane est formidable pour prendre un peu de recul sur sa propre existence.

Page de droite : vue de Tokyo.
Cette page, haut : fontaine de Trevi, Rome ; centre : tour Eiffel, Paris ; bas : image de safari.
Page suivante : paradis des îles du Pacifique

LES MÉTROPOLES MONDIALES

New York et Tokyo

Pour un séjour détente, vous n'êtes manifestement pas au bon endroit. New York et Tokyo sont de véritables tourbillons d'énergie. Les gens marchent vite, parlent vite, et attendent que vous en fassiez autant. Les styles changent avant même de dire ouf. Depuis longtemps, les provinciaux s'installent à New York pour échapper à l'atmosphère convenue de leur environnement, parfois pour chercher la gloire et faire fortune, et le plus souvent pour rencontrer des esprits semblables aux leurs. Lors d'un court séjour à NY, on espère voir un semblant de la mythique « Gotham City » des films et des *comics*. Tokyo impressionne, quant à elle, par son hospitalité et son efficacité. Cette ville sait tout faire en mieux : traverser la rue, emballer des achats avec soin, les transports en commun et même les toilettes. Partout, des distributeurs automatiques proposent soupes traditionnelles, bananes fraîches, masques chirurgicaux et sous-vêtements ; des salons de thé vous accueillent pour participer à la célèbre cérémonie du thé ou câliner des chats. Bien sûr, les métropoles abritent aussi des espaces plus calmes avec leurs quartiers résidentiels ou leurs parcs. Mais elles se définissent fondamentalement par l'incroyable vitalité qui s'en dégage.

ÎLES DU PACIFIQUE

Bora Bora, Tahiti, Fidji

En 1891, Gauguin fuit Paris pour Tahiti, loin des contraintes et des préoccupations superficielles de l'Europe. Les tableaux sensuels qu'il y peignit évoquent sans conteste la beauté paisible et vibrante de ces îles, les femmes, les couleurs, les fleurs. Il ne fut d'ailleurs pas le seul à tout quitter pour ces parcelles perdues dans le Pacifique, à la recherche d'une évasion qui semble n'exister qu'ici. Cet océan recèle des milliers d'îles, luxueuses même lorsqu'elles sont rustiques. Mère Nature étale ici la meilleure part de son ouvrage. Un sable immaculé, des lagons cristallins et un pique-nique improvisé au bord de l'eau, composé de poisson fraîchement pêché arrosé d'un trait de citron et servi sur des feuilles de palmier. Peut-être que les notes mélodieuses que vous entendez proviennent du ukulélé du capitaine ! Peu importe qu'il joue pour vous ou pas. Pendant que nous sommes perdus en mer, bercés par la brise marine, nous avons tous des étoiles dans les yeux.

CONSEIL #02

Voyages d'une vie

Une fois que vous aurez visiter les destinations du monde incontournables, voici des expériences à ne pas manquer.

ANTARCTIQUE
Le monde merveilleux des glaces, des pingouins et des ours polaires.
Passer au milieu des icebergs en bateau est inoubliable.

LES FJORDS DE NORVÈGE
Les montagnes rencontrent la mer.
Ici, l'âme viking plane encore.

MACHU PICCHU
La ville sacrée construite par les Incas au cœur des montagnes.
L'une des sept merveilles du monde moderne.

VENISE
Toujours posée sur l'eau, et toujours aussi belle.
Vous prendrez un malin plaisir à vous y perdre.

RAJASTHAN
La terre des maharajas.
Rapporter de superbes textiles à la maison.

LA ROUTE DE LA SOIE
Suivez le chemin des anciens commerçants nomades.
Les biens, les idées et la religion, voyagèrent de l'Indonésie à l'Italie en passant par la Chine, la Perse et l'Égypte.

LES ALPES SUISSES
Pour des pics fabuleux et du ski à moins d'une heure des grandes villes.
Lacs et vallons vous émerveilleront.

BHOUTAN
Le royaume himalayen du bonheur.
La bienveillance : le seul pays au monde sans feu de signalisation.

L'OUEST DES ÉTATS-UNIS
Le mythe du cow-boy américain dans toute sa splendeur.
Mangez dans un gril un bon steak, dès que possible.

TOSCANE
Le cliché parfait de la campagne italienne.
Les crus locaux : Chianti, Bolgheri, Brunello, Vin Santo. Sublime !

LA GRANDE MURAILLE
Une merveille architecturale encore aujourd'hui.
Malheureusement, on ne peut toujours pas la voir depuis la lune.

MONT KILIMANDJARO
Un imposant sommet à portée de pieds.
Après l'ascension, une excursion à la plage s'impose.

L'ÉGYPTE
Le monde magique et mystérieux des grandes pyramides.
Contemplez ces merveilles en descendant le Nil en bateau.

PARTIE III

Hors des sentiers battus

Lever le nez des écrans

Plus personne n'en doute : nos smartphones, nos montres connectées, nos assistants virtuels et l'omniprésence des réseaux sociaux dans nos vies nous rendent anxieux, moins productifs et sans doute plus narcissiques. Avec les sonneries régulières signalant notifications, textos, etc., il semble absolument impossible d'y échapper.

Mais avons-nous vraiment essayé ?

Certaines personnes utilisent leurs appareils raisonnablement, d'autres emploient des assistants pour gérer leur vie numérique. Mais la plupart des gens ne savent pas résister à la lecture d'un dernier fil d'actualité avant de se coucher. Alors débrancher le courant peut se révéler une expérience bénéfique, voire obligatoire.

Qui aurait imaginé que des zones sans réseau et sans connexion Wi-Fi, rares comme des oasis, pourraient un jour devenir aussi séduisantes ? Lorsqu'une désintoxication totale est nécessaire, le mieux est de complètement se déconnecter.

L'abandon de tous ces objets ne garantit pas seulement un silence appréciable, mais aussi une sensibilité accrue à ce qui nous entoure. Être déconnecté devrait être l'essence même des vacances.

Sans surprise, nous nous tournons, dans ce chapitre, vers des paysages éblouissants qui proposent hébergements et cadres propres à la réflexion, à la relaxation, l'activité physique, et à un retour aux sources. Nul ne peut contrer les effets délétères de la société moderne aussi sûrement que mère Nature.

Parmi les « effets secondaires » d'une escapade de ce genre, notons l'augmentation de la dopamine, une meilleure conscience de son environnement et un sentiment général d'admiration et de gratitude. Voici les meilleurs endroits que nous connaissons pour faire une pause.

Page de gauche : coucher de soleil sur Petit Saint-Vincent, Caraïbes. Cette page : promenade au bord de la plage, parc maritime côtier Patagonie australe, Argentine. Pages suivantes, à gauche : île Quirpon, Terre-Neuve ; à droite : retraite dans les forêts de Terni, Italie

Pour le fun : les ancêtres du labrador venaient tous de Terre-Neuve-et-Labrador, la province la plus à l'est du Canada. À l'origine, ces chiens étaient élevés et utilisés comme chiens de travail pour les pêcheurs. En plus d'être adorables, ils sont aussi d'excellents nageurs et animaux de sauvetage.

LA PERFECTION AU PÔLE NORD : LE QUIRPON LIGHTHOUSE INN

Île Quirpon, Terre-Neuve, Canada

Aux confins de l'Atlantique Nord, dans la province la plus à l'est du Canada, les îles isolées de Terre-Neuve donnent un aperçu exceptionnel de la vie en Arctique, avec macareux moines, icebergs et ours polaires visibles depuis leurs rivages rocheux. Les voyageurs pourront aller encore plus loin, sur l'île Quirpon, déserte, si ce n'est son phare où a été aménagée une confortable auberge de 10 chambres (ouverte de fin mai à fin septembre). En raison de sa situation, aucun signal téléphonique n'y parvient, pas plus que le Wi-Fi. Des renards s'y ébattent, on peut se promener pour cueillir des baies, visiter un avant-poste d'exploration centenaire et observer les icebergs en canoë ou en Zodiac. Les véritables stars de l'île sont cependant les 27 espèces de baleines qui évoluent dans ses eaux, notamment la baleine à bosse, le petit rorqual et l'épaulard. Impossible de ne pas en apercevoir, car l'auberge encourage ses clients à s'installer dans la station d'observation chauffée et couverte de l'établissement, avec un bon livre et une tasse de thé, à l'affût de ces créatures mythiques.

linkumtours.com
+1 877 254 6586

SOLITUDE À L'ITALIENNE : EREMITO

Parrano, Ombrie, Italie

L'entrepreneur Marcello Murzilli a passé quatre ans à planifier et à construire ce monastère moderne, un sanctuaire respectueux de l'environnement à l'abri de l'ère numérique. Cette retraite de 21 pièces, bâtie grâce à des techniques de maçonnerie anciennes, se niche dans une colline ombrienne, à 1 h 30 en voiture de Rome, et vous propose de vous débarrasser du superflu pour retrouver l'essentiel. Ce nouveau type d'expérience est spécialement conçu pour le solitaire : ici pas d'Internet, pas de bar et pas de télévision. Un gong sonne tous les soirs à 20 h, signalant le début d'un dîner silencieux, avec produits fermiers et eau de source locale, dans un réfectoire éclairé aux chandelles. On y pratique le yoga et la méditation au quotidien, avec accès à un hammam et à des bains installés dans une grotte en pierre, tout cela dans une ambiance sereine et forestière. En italien, *eremito* signifie « ermite ». Un voyage intérieur.

eremito.com
Località Tarina 2
+39 0763 891010

L'ALASKA INACCESSIBLE : LE CHALET SHELDON

Parc national de Denali, Alaska, États-Unis

Pendant une grande partie des années 1950, l'aviateur Don Sheldon et son épouse, Roberta, explorent et cartographient d'importantes parties de la chaîne de l'Alaska. Ils y répertorient une parcelle de 2 hectares, près d'un sommet rocheux isolé à 16 kilomètres du sommet du Denali, et s'installent à cet endroit définitivement. Une génération plus tard, les enfants Sheldon ouvrent un gîte ultraluxueux de 5 chambres sur cette île glaciaire, accessible uniquement par hélicoptère ou par avion. De forme hexagonale, le chalet offre une vue panoramique sur la neige immaculée et les étincelants glaciers qui s'étendent tout autour sur des kilomètres. Inutile de préciser qu'ici téléphones et Internet ne fonctionnent pas ; guides et employés de l'auberge utilisent une radio pour communiquer avec le monde extérieur. Tous les déchets sont exfiltrés via une piste réalisée par Don Sheldon, pionnier des atterrissages sur glacier. L'endroit ne comprend aucun habitant, peu d'animaux et une végétation des plus rares. Seuls le silence et l'air glacial semblent régner sur ces terres. Dix personnes au maximum peuvent séjourner sur place, où elles partagent des repas locaux, s'installent confortablement devant la cheminée ou profitent d'une foule d'excursions passionnantes : randonnée sur glacier, ski, descente en rappel, pêche au saumon, pique-nique de charcuterie locale dans un igloo et visite de sources d'eau chaude. Les spectacles nocturnes sont aussi réjouissants : pluies d'étoiles filantes, blizzards de glace et aurores boréales.

sheldonchalet.com
+1 907 854 7007

Choses à faire sans jeter un œil sur son téléphone :

- [ ] **Faire des jeux de société**
- [ ] **Faire du cerf-volant**
- [ ] **Observer la nature**
- [ ] **Faire un feu de camp**
- [ ] **Converser avec des inconnus**
- [ ] **Tenir un carnet de voyage**
- [ ] **Dessiner, peindre, colorier**
- [ ] **S'entraîner à chanter**
- [ ] **Faire sécher des fleurs**
- [ ] **Faire du sport**
- [ ] **Nager**
- [ ] **Faire de la pâtisserie**

RÊVERIE DANS LES CARAÏBES : PETIT-SAINT-VINCENT (PSV)

Saint-Vincent-et-les-Grenadines, Caraïbes

En arrivant de la Martinique, débarquez sur cette île privée des Caraïbes, le reste du monde ne sera plus qu'un lointain souvenir. Pourquoi cette île minuscule est-elle si parfaite ? Parce que son accès est pour le moins compliqué et parce que «…là, tout n'est qu'ordre et beauté, luxe, calme et volupté… » Les clients fortunés des 22 chalets de bord de mer ont accès à des plages privées, à un service impeccable et au Jean-Michel Cousteau Caribbean Diving Center (jeanmichelcousteaudiving-caribbean.com). Que le fils aîné du célèbre capitaine Cousteau ait choisi PSV plutôt que les centaines autres îles des Caraïbes pour y développer son centre de plongée en dit long sur la qualité de l'eau.

Sur l'îlot, pas d'horloge, pas de télé et pas de réseau pour les portables. Quelques lignes de téléphone sont disponibles à l'accueil et, selon la météo, de faibles signaux arrivent d'une île voisine. Jouir d'une réelle déconnexion est ici de mise. On en profite pour marcher, faire du vélo ou explorer les environs en pick-up et se baigner. Les repas, avec des poissons fraîchement pêchés, sont servis dans les deux restaurants ou dans les bungalows. Un spa, installé à flanc de colline, abrite de belles salles de soins. Kayak, voile et levers du soleil sur la mer des Caraïbes complètent le programme.

petitstvincent.com
+1 800 654 9326

Page de gauche, haut : arrivée au chalet Sheldon ; bas : une aurore boréale.
Cette page, haut : tortue marine dans les eaux limpides de Petit-Saint-Vincent ; centre : chambre avec vue en bord de mer ; bas : un peu de musique.
Page suivante : île Alphonse, Seychelles

SEYCHELLES : L'ÎLE ALPHONSE

Îles extérieures, Seychelles

L'ultime escale seychelloise est une station balnéaire privée située à 402 kilomètres au sud-ouest de Mahé, la capitale des Seychelles, au large du continent africain. Ici aussi, pas de Wi-Fi ni de réseau téléphonique. Ce paradis préservé au milieu de l'océan Indien vous offre tant, pourquoi téléphoner ? Une multitude d'activités sont proposées : pêche à la mouche en mer, exploration des récifs coralliens et de leur faune colorée, rencontre des tortues géantes, baignade avec les dauphins. Le complexe se compose de 22 bungalows privés et de 5 suites, climatisés et équipés de bicyclettes, de douches extérieures et d'accès faciles aux plages de sable blanc, où vous passerez nombre de vos soirées à admirer le coucher du soleil, si vous ne sirotez pas un cocktail en mer à bord d'un catamaran.

alphonse-island.com
+27 82 496 4570

Pour le fun : si vous rêvez de nature riche et variée, partez en Amérique centrale ou en Amérique du Sud. La Patagonie, avec son vaste désert, ses glaciers et ses forêts tropicales, possède presque autant d'habitants que de pingouins. Quant au Nicaragua, il représente moins de 0,01 % de la superficie du globe, mais abrite 7 % de sa biodiversité.

PATAGONIE : BAHIA BUSTAMANTE LODGE

Patagonie, Argentine

Non loin, au large d'une île habitée par des manchots de Magellan, et au nord d'une forêt pétrifiée vieille de 60 millions d'années, cet écolodge est installé dans une ancienne usine de production d'algues marines. Vous n'aurez pas le choix en termes de connexion : pas de réseau téléphonique, de l'électricité disponible seulement le soir et un Wi-Fi très irrégulier dans le restaurant. Les cabanes, qu'utilisaient autrefois les travailleurs de l'usine et leurs familles, ont été superbement restaurées, mais ne disposent pas de téléviseurs. Il ne vous reste plus qu'à apprécier la beauté naturelle des lieux (plages, falaises, terres agricoles) et sa biodiversité. Dans le parc national marin de Patagonie australe et de la réserve de biosphère de l'Unesco Patagonia Azul, les environs regorgent d'animaux sauvages (otaries, oiseaux rares, tatous et guanacos), que les visiteurs observent lors de balades à vélo ou à cheval, navigation et découverte de l'île aux pingouins, randonnées ou excursions organisées en 4x4, en fonction des conditions météorologiques.

bahiabustamante.com
9111 Comodoro Rivadavia
+ 54 9 11 4156 7788

ESCAPADE DANS LES FORÊTS TROPICALES DU NICARAGUA : FINCA ESPERANZA VERDE

San Ramon, Matagalpa, Nicaragua

Niché dans une forêt de montagne dense, cet écolodge et sa ferme caféière bio proposent aux voyageurs un autre rythme de vie. Les chambres sont rustiques et n'ont pas de prises électriques, seulement des hamacs et des vues panoramiques s'étendant sur des centaines de kilomètres. Le Wi-Fi est disponible dans la salle à manger, et la seule prise de recharge se trouve dans la bibliothèque, aussi ne comptez pas trop travailler. Tout fonctionne à l'énergie solaire et hydroélectrique ainsi qu'au feu de bois pour les douches et le four à pain. L'eau aussi pure que possible provient de la montagne. Les délicieux produits cuisinés sont fournis par la ferme biologique attenante. Le vieux fermier qui s'en occupe plante ses légumes en suivant les cycles de la lune et la position des étoiles.

Pendant votre séjour, explorez ce paradis des papillons et des oiseaux le long de sentiers menant à de belles chutes d'eau. Le soir, un feu de camp et de la musique traditionnelle vous attendent pour passer d'inoubliables moments. Les singes hurleurs vous reveilleront le matin. La *finca* (ferme) fait un effort important pour intégrer au le personnel la population locale, la communauté rurale de La Chispa, qui vit dans un rayon de 4 kilomètres autour de la ferme. Les propriétaires discutent avec les habitants des nouveaux projets et les encouragent à s'y impliquer. Ils accueillent aussi une école primaire (45 enfants) sur la propriété et organisent des échanges culturels, offrant ainsi aux hôtes la possibilité de rencontrer les habitants du pays.

fincaesperanzaverde.com
+505 8 775 5341

CÔTE OUEST DE L'AUSTRALIE : RÉCIF DE SAL SALIS NINGALOO

Parc national de la Chaîne du Cap, Australie-Occidentale

Ultime expérience de désintoxication : un camp pour safaris, sur la plage, bordé par le récif corallien le plus large d'Australie, sans Internet ni réseau. Des trecks permettent d'explorer le parc national de Cape Range, riche en grottes et en gorges spectaculaires. On y voit émeus, wallabies et kangourous roux, ainsi qu'une flore endémique à la région – la zone était une île il y a plusieurs millions d'années. Grâce aux excursions dans le parc marin de Ningaloo, les visiteurs peuvent nager avec des requins-baleines, des baleines à bosse et des dauphins, faire du kayak avec des tortues de mer et découvrir les lagons coralliens avec masque et tuba. Après s'être régalés de produits et de vins locaux et s'être retirés dans leur tente de luxe, les hôtes n'auront plus qu'à lever les yeux au ciel pour contempler l'une des plus belles vues du monde sur la Voie lactée.

salsalis.com.au
Cape Range National Park, Exmouth, WA
+61 8 9949 1776

TOUT OUBLIER AUX MALDIVES : SONEVA FUSHI

Atoll de Baa, Maldives

Sur cette île privée perdue au beau milieu de l'océan Indien, contemplez l'horizon depuis la terrasse de votre luxueuse villa. Rien ne viendra troubler votre quiétude. Enclin aux distractions numériques, vous devrez faire quelques efforts pour ne pas être connecté, à savoir utiliser l'interrupteur qui désactive le Wi-Fi dans chaque habitation. Le complexe offre des équipements de rêve : piscines, caves à vin et hammams. Dans les espaces communs, le réseau ne passe pas partout. Vous pouvez ainsi profiter pleinement du Spa et des autres activités organisées : cours de musique, mixologie, artisanat avec les enfants, projections de films en plein air et toute une variété d'expériences culinaires originales. Vous souhaitez plus d'évasion ? Pas de problème. Partez en bateau pour une sortie plongée, dormez une nuit dans une merveilleuse tente de style bédouin ou savourez un dîner gourmet dans un restaurant de plage installé sur l'une des îles inhabitées toutes proches.

soneva.com
Kunfunadhoo Island
+960 660 0304

SANTÉ ET BIEN-ÊTRE : VILLA STÉPHANIE

Baden-Baden, Allemagne

Depuis la Belle Époque, la célèbre ville thermale de la Forêt-Noire, dans le sud-ouest de l'Allemagne, attire les grands de ce monde, pour bénéficier des pouvoirs curatifs de ses anciens bains romains. Élégant manoir de 15 chambres jouxtant le vénérable Brenners Park-Hotel, la Villa Stéphanie est parfaite pour une cure détox : les murs intérieurs sont tous recouverts de cuivre permettant ainsi aux clients de couper tout réseau en appuyant sur un bouton au chevet du lit. Avec cette pollution numérique en moins, les voyageurs pourront pleinement admirer l'architecture de cette superbe demeure, notamment les magnifiques vestibules, les salles de bains en marbre, les balcons en fer forgé, la bibliothèque raffinée et le délicat linge de maison de marque Loro Piana. Le Spa couvre près de 5 017 m² et allie clinique moderne et bains traditionnels, avec sauna, piscine et gymnase privés. Des programmes sont proposés pour toutes sortes d'affections, et des soins médicaux sont prodigués par des experts en physiothérapie, ophtalmologie entre autres. Des nutritionnistes adaptent les menus en fonction des besoins de chacun pour toute la durée du séjour. Après un massage relaxant et une nuit isolé du monde, l'idée d'une promenade matinale dans les jardins privés, d'un cours d'aquagym ou d'une randonnée en montagne ressemblera moins à un chemin de croix qu'à une échelle vers le salut.

oetkercollection.com
Schillerstraße 4/6
+49 7221 900 602
Spa ouvert de 8h à 20h

Cette page : côte de l'Australie-Occidentale.
Page suivante : les marécages australiens du Territoire du Nord, Australie

AUX CONFINS DU MONDE : LES PLAINES DE BAMURRU

Top End, Territoire du Nord, Australie

Les plaines marécageuses du Top End australien ne sont couvertes par aucun réseau, impossible d'utiliser Internet sur son mobile ou d'accéder au Wi-Fi. De mai à octobre, le *bush* se transforme en un monde aquatique, terrain d'exploration unique. Dix élégants bungalows, fonctionnant à l'énergie solaire, ont des moustiquaires en guise de mur, et offrent ainsi aux clients une immersion totale dans la nature environnante. Au lever du soleil, des hydroglisseurs partent à la recherche du fameux martin-chasseur géant (oiseaux mythiques des aborigènes), de la canaroie semipalmée et des nombreux crocodiles de cette région qui en compte la plus forte densité au monde.
Sur la terre ferme, les journées se partagent entre excursions en 4x4 ouvert, en quads ou à pied pour débusquer wallabies, buffles, chevaux sauvages et une pléiade d'oiseaux rares.
De retour au bungalow, détendez-vous à la piscine, grignotez des canapés ou sirotez un verre. Le dîner composé de trois plats met en valeur les produits locaux et le gibier.

bamurruplains.com
Mary River Floodplain, Kakadu
+61 2 9571 6399

Parés pour l'aventure

Dans ce chapitre, nous vous proposons des expéditions hors norme, qui ne sont certes pas pour tous, puisqu'elles impliquent forme physique, toilettes sèches et même parfois des douches froides. Cependant les souvenirs, les paysages et les expériences culturelles qu'elles révèlent n'ont pas de prix.

CHEZ LES ÉLEVEURS DE RENNES NOMADES

Russie et Sibérie

Intrepid, le spécialiste mondial des circuits « aventure », propose une virée dépaysante de 15 jours déconseillée aux moins téméraires. De petits groupes de 4 à 12 personnes partent de Saint-Pétersbourg pour 47 heures de train (sans Wi-Fi, cela va de soi), et poursuivent en autobus et en véhicule amphibie pour se rendre dans la péninsule de Yamal, bien au-delà du cercle arctique. Là-bas, les voyageurs sont accueillis par les Nenets, tribu nomade d'éleveurs de rennes. Exploration en traîneau et pêche sur glace sont au programme, sans parler du partage de la convivialité avec les nomades et de la transmission de quelques astuces pour apprendre, entre autres, comment de ne pas mourir de froid par - 46 °C.

Bon à savoir : pas de chasse d'eau, pas de réseau et pas de Wi-Fi. « À la dure » est un euphémisme.

intrepidtravel.com

Pour le fun : de récentes études ont révélé l'existence d'un « gène du voyage » – un dérivé génétique du DRD4, associé aux niveaux de dopamine dans le cerveau et corrélé à des qualités accrues de curiosité et de prise de risque.

Page de gauche : banc de sable de Soneva Fushi, Maldives.
Cette page : un robuste véhicule pour s'aventurer dans l'Arctique

Page de gauche : salon de The Ranch, Live Oak.
Cette page, haut : ciel nocturne, Nouveau-Mexique ; bas : randonnée autour de Malibu, Californie

DORMIR DANS UN CHAMP D'ÉCLAIRS

Nouveau-Mexique, États-Unis

La vie et l'art s'imbriquent dans cette installation située dans un lieu mystérieux et désertique du comté de Catron, au Nouveau-Mexique, à 2 195 m d'altitude. Six personnes au maximum sont prises en charge à un endroit précis et conduites dans un chalet pour participer à une expérience nocturne de Land Art grandeur nature, sous la houlette du sculpteur américain Walter De Maria. Quatre cents poteaux en acier inoxydable poli se dressent sur ce champ d'éclairs – un rectangle de 1,6 km sur 1 km. Les visiteurs sont invités à se promener dans cet espace, surtout au coucher et au lever du soleil, qu'il y ait un orage ou non, pour comprendre l'effet hallucinant des rayons du soleil sur le métal et la terre noircie par la foudre. De retour au lieu d'hébergement, un repas simple est servi, et des livres et un téléphone d'urgence mis à disposition. Aucun autre appareil n'est autorisé.

Bon à savoir : depuis le lancement des travaux en 1977, l'installation connaît un grand succès. Pensez à réserver et emportez de bonnes chaussures.

diaart.org
+1 505 898 3335

RECENTREZ-VOUS À THE RANCH

Malibu, Californie, États-Unis

Un séjour dans ce vaste domaine de style hacienda des années 1920 vous permettra de vous ressourcer le corps et l'esprit. Ancien camp d'été, il s'étend sur plus de 40 ha et a été transformé en un ensemble de 14 logements privés bien aménagés, avec deux salles de sport et une ferme biologique ouverte à l'année. Aucun réseau mobile et le Wi-Fi est limité à une utilisation en chambre. Idéal pour se recentrer. Selon le programme auquel vous participez, vos journées s'agrémentent de fitness, séances de bien-être, randonnées, yoga et d'un régime alimentaire monastique.

Bon à savoir : La clé du succès pour conserver un mode de vie sain est la constance. Que vous séjourniez au ranch pendant 4, 7 ou 10 jours, cette remise en forme débute 30 jours plus tôt avec une série d'exercices, de restrictions alimentaires et d'instructions destinées à vous préparer à une détox en profondeur.

theranchmalibu.com
12220 Cotharin Road
+1 310 457 8700

Rencontrez les éleveurs de rennes nomades grâce à Intrepid Travel

PASSER UNE NUIT À LA BELLE ÉTOILE DANS LE DELTA DE L'OKAVANGO

Réserve privée de Khwai, Botswana

Natural Selection propose 2 gîtes en plein cœur de la savane africaine. Les tentes safaris modernes, sur trois étages, sont bâties sur pilotis et surplombent un point d'eau fréquenté par des girafes, des éléphants et autres bêtes sauvages. Après 1 ou 2 nuits passées sous les étoiles, les visiteurs peuvent rejoindre le camp de Sable Alley, où des tentes plus luxueuses (mais toujours coupées du monde) les attendent au bord d'une lagune. Elles se composent d'une agréable terrasse afro-chic, d'un lit double et d'un bureau, auquel vous pourrez vous installer pour décrire les points forts de votre voyage.

Bon à savoir : Le camp de safari peut accueillir jusqu'à 6 personnes.

naturalselection.travel
+27 210 011 574

PAGAYER DANS LE GRAND NORD

Parc national de Kejimkujik, Nouvelle-Écosse, Canada

Whynot Adventure propose des expéditions en kayak de 3 jours dans l'arrière-pays, en faisant halte chaque jour dans différents campings. Les voyageurs découvriront la nature sauvage de cette province maritime de l'Est du Canada. Chaque matin, les rameurs recevront du matériel de camping et des vivres, et iront parcourir ce pays de lacs et de rivières pittoresques. Une expérience unique pour les aventuriers et leurs amis.

Bon à savoir : Il vaut mieux être en bonne condition physique pour ces circuits sportifs.

whynotadventure.ca
+1 902 682 2282

Page de droite : camp de base, Groenland. Cette page, haut : les chambres sur pilotis, Botswana ; centre : kayak et pagaies pour le Grand Nord ; bas : eaux calmes du Canada

DORMIR SUR UNE CALOTTE GLACIAIRE

Groenland

Le camp de Natural Habitat Adventures, au Groenland, est l'un des endroits les plus isolés sur terre. Il accueille jusqu'à 12 personnes pour visiter des contrées que peu de voyageurs ont découvertes. Autrefois inaccessible sauf en kayak, ce lieu est aujourd'hui l'unique camp touristique luxueux du territoire. Sentez la brise fraîche qui souffle sur les énormes icebergs, observez les baleines, et rencontrez les Inuits dans leurs villages de pêcheurs. Le soir, des conférences sont présentées par les guides, spécialistes de l'Arctique. Ici, aucune couverture réseau bien sûr, vous devrez patienter pour partager les images de cette escapade extraordinaire.

Bon à savoir : Respecter l'environnement est essentiel lorsqu'on se rend dans l'Arctique ou dans une autre région souffrant dramatiquement du réchauffement climatique. Les émissions du voyage sont compensées à 100 % par Natural Habitat, qui se conforme à une stricte neutralité carbone.

nathab.com
Canada : +1 800 543 8917;
International : +1 303 449 3711

CONSEIL #03

Refuges du bout du monde

Certains de nos établissements préférés, même s'ils savent que nous vivons à l'heure du tout connecté, ont choisi de ne pas se plier à cette règle.

EXPLORA RAPA NUI
Île de Pâques, Chili
D'impressionnants visages de pierre. L'océan partout. Un bien beau voyage.
explora.com

HÓTEL BÚÐIR
Péninsule de Snæfellsnæs, Islande
Des macareux moines, des champs de lave et des aurores boréales.
hotelbudir.is

TIERRA ATACAMA HOTEL & SPA
San Pedro de Atacama, Chili
Observez les étoiles aux côtés des dunes et des geysers. Des sources chaudes et des chevaux.
tierrahotels.com

SOUTHERN OCEAN LODGE
Kangaroo Island, Australie-Méridionale
Des animaux partout et plus rien entre votre patio et l'Antarctique.
southernoceanlodge.com.au

AMANGIRI
Canyon Point, Utah, États-Unis.
Merveille du désert d'inspiration navajo. Frappant.
aman.com

TAPROBANE ISLAND
Baie de Weligama, Sri Lanka
Hôtel légendaire accessible en traversant un bras de mer à pied ou à dos d'éléphant.
taprobaneisland.com

FOGO ISLAND INN
Île Fogo, Terre-Neuve, Canada
Une côte rude et sauvage. Une culture insulaire séculaire. Frais et vivifiant.
fogoislandinn.ca

THREE CAMEL LODGE
Désert de Gobi, Mongolie
Fantastique camp de yourtes proches de pétroglyphes vieux de 5000 ans.
threecamellodge.com

UNE CROISIÈRE SUR LA CÔTE DU KIMBERLEY

Kimberley, Australie-Occidentale

La flotte de Coral Expeditions compte trois navires spécialement conçus pour l'exploration. Les croisières, d'avril à septembre, nécessitent au moins 10 nuits pour longer entièrement cette côte difficile d'accès. Lors de ce trajet, on croise de superbes chutes d'eau, des sites d'art rupestre, et faune, flore et histoire locale sont commentées par des experts. D'une superficie de plus de 400 000 km², ce territoire ne recense que 30 000 habitants. C'est donc l'une des plus vastes étendues sauvages du monde.

Bon à savoir : Avec Coral Expeditions, cette excursion est plus intime qu'en bateau de croisière standard. En effet, la plus grande des trois embarcations n'accueille que 120 personnes, la plus petite seulement 44.

coralexpeditions.com
+61 7 4040 9999

Page de droite, haut : rafting, Australie-Occidentale ; bas : safari à pied.
Cette page : chutes d'eau, Australie-Occidentale

SE PROMENER DANS LE MONDE SAUVAGE EN ZAMBIE

Parc national de South Luangwa, Zambie

Pionnier du safari à pied avec guide, Robin Pope conduit de petits groupes dans la savane africaine depuis des décennies. Au cours d'une randonnée de 7 jours, les voyageurs progressent le long de la Mupamadzi River, et les guides établissent chaque soir le campement. Les marcheurs sillonnent la contrée à la recherche d'éléphants, de léopards, de buffles, d'oiseaux rares et de girafes, accompagnés par des professionnels de la brousse.

Bon à savoir : Les repas sont servis sur des tables pliantes avec nappe et les lits dressés sous de grandes tentes éclairées par des lanterne et la lune. Ce séjour est confortable bien qu'on soit loin de tout. La douche est installée sous un arbre, et les toilettes de brousse disposent d'un siège en bois.

robinpopesafaris.net
+265 0 999 970 002

PARTIE IV

Escapades pour gourmets

Croquez la vie à pleines dents

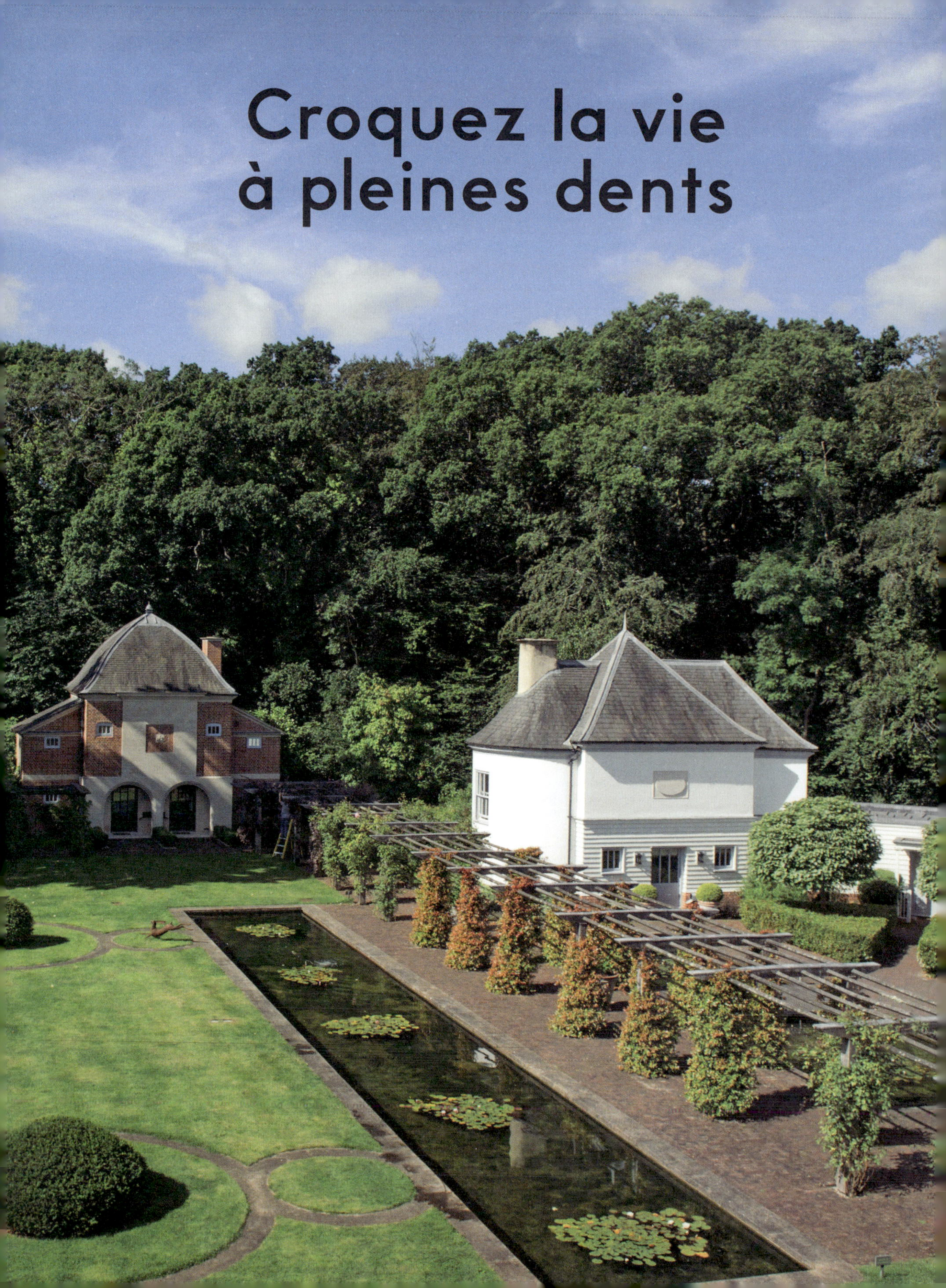

Si voyager rime pour vous avec saveurs, vous n'êtes pas le seul ! Si vous faites partie de ceux qui planifient déjà leur dîner lors du déjeuner, qui peuvent conduire quatre heures dans le seul but d'un dîner exceptionnel… bref, bienvenue à ceux qui font tout un plat de leur itinéraire.

De notre point de vue, les meilleures escapades culinaires ne doivent pas se cantonner à la découverte des hôtels et des restaurants, même de très bonne facture. Outre des repas d'exception, nous vous proposons des immersions culinaires totales. Des expériences où les hôtes ont accès à la vie d'une ferme ou d'un vignoble et participent à la préparation d'assiettes mémorables. Les activités mêlent récolte, dégustations de vins, leçons de cuisine, partage de repas, tout comme la surprise de voir un chef en toque sortir de sa cuisine pour cueillir au dernier moment quelques légumes ou herbes afin de confectionner le plat du soir.

Pour ceux dont le palais a soif de découvertes, ces excursions gastronomiques sont de véritables pèlerinages. Certaines de ces incroyables expéditions culinaires sont coûteuses, d'autres plus abordables et quelques-unes franchement raisonnables. Mais ces occasions spéciales ne vous laisseront pas sur votre faim.

Page de gauche : Lime Wood Hotel, Lyndhurst, Angleterre. Cette page : haut : pommes de SingleThread Farm, Healdsburg, Californie : bas : Jackalope, péninsule de Mornington près de Melbourne, Australie

SINGLETHREAD

Healdsburg, Californie, États-Unis

Ce qu'on aime : À la jonction de Russian River, Dry Creek et Alexander Valley, les trois principales régions viticoles du comté de Sonoma, se situe Healdsburg, une charmante petite ville où l'on trouve quelques-uns des meilleurs vins de la région et aussi la meilleure cuisine ! En tête de liste, SingleThread, une ferme-auberge deux étoiles au *Michelin*. L'art du chef Kyle Connaughton et de son épouse, Katina, s'exprime par les 72 *ko*, les « micro-saisons », ancestrales du Japon. Ils utilisent d'anciennes techniques de culture nippone pour récolter, sur 2 ha, des produits d'une exceptionnelle fraîcheur. Le menu de 11 plats s'ouvre sur une étonnante variété d'amuse-bouches. Préparés et servis dans des faïences de maîtres potiers japonais, les mets atteignent un niveau de précision et de perfection extraordinaire. Passez la nuit à l'étage dans l'une des cinq chambres de l'auberge pour apprécier le raffinement de l'*omotenashi*, l'hospitalité japonaise.

Spécialités maison : Les produits de « micro-saison ».

singlethreadfarms.com
+1 707 723-4646
Dîner à partir de 17h30, déjeuner le week-end à partir de 11h30

LIME WOOD

Lyndhurst, Angleterre

Ce qu'on aime : À 2 h de Londres, au cœur de New Forest, dans un parc national, ancienne chasse royale, ce bâtiment du 13e siècle incarne parfaitement l'idée d'évasion dans la campagne britannique. Sur place, deux des chefs les plus célèbres de Londres, Angela Hartnett et Luke Holder, dirigent Hartnett Holder & C. Ils vous concoctent des menus dictés par le terroir – de nombreux ingrédients sont ramassés dans les bois environnants – , et composent un mélange discret et raffiné de cuisine britannique et italienne. L'école de cuisine, HH&Co Backstage, enseigne aux futurs chefs tous les secrets de la maison.

Spécialité maison : La garniture des *agnolotti* varie selon les saisons, et la pintade, le veau, l'artichaut et la *burrata* sont exceptionnels.

limewoodhotel.co.uk
Beaulieu Road
+44 23 8028 7177
12h-14h30, 18h-22h

Page de droite : l'architecture audacieuse du Jackalope. Cette page, haut : la cuisine de SingleThread Farm ; bas : quelques mets de Hartnett Holder & Co., Lime Wood

Pour le fun : il y a ce qu'on mange et la manière dont on le mange. Au Japon, les baguettes ne sont jamais utilisées pour servir quelqu'un ni pour piquer un aliment. Bien sûr, on ne les lèche jamais !

GARZÓN EL HOTEL

Garzón, Uruguay

Ce qu'on aime : Le chef argentin Francis Mallmann, personnage haut en couleur célèbre dans le monde entier pour avoir créé un empire autour de l'art de la grillade, a posé ses valises dans ce village uruguayen reculé. Il y a créé un hôtel et un restaurant qui, comme tout ce qu'il réalise, ne manquent pas de chaleur. Comme on pouvait s'y attendre, la braise est ici l'élément phare, et pains, fruits, viandes et légumes passent tous au gril pour exprimer le meilleur de leurs saveurs. L'hôtel, situé dans ce qui était autrefois l'épicerie du village, ressemble désormais à une maison de campagne provinciale pleine de charme. Et chaque chambre a sa propre cheminée.

Spécialités maison : Faux-filet à la sauce chimichurri et pommes de terre domino, tomates et échalotes sur la braise. L'Uruguay est une terre de cow-boys, après tout.

restaurantegarzon.com
Costa Jose Ignacio
+598 4410 2809
9h-23h

Cette page : dans la cuisine du chef Magnus Nilsson au Fäviken. Page suivante : superbe assiette du Babylonstoren

FÄVIKEN

Jämtland, Suède

Ce qu'on aime : Le chef suédois Magnus Nilsson et son équipe cultivent et chassent sur 8 094 ha de terres agricoles et sauvages situées à 750 km au nord de Stockholm. Ensuite conservation, marinade et préparation des denrées sont les préliminaires obligatoires à la confection de 32 plats succulents proposés à la vingtaine de convives accueillis dans une vieille grange. Pour arriver jusque-là, les hôtes doivent concéder quelques efforts récompensés tout d'abord par un sauna, puis par un repas de haute volée qui les console d'avoir bravé l'hiver nordique. Cinq chambres simples décorées de fourrures, de bouquets séchés et de rameaux de sapins y sont aussi disponibles. Après le dîner, un feu allumé sous un tipi permet de boire un dernier verre et de songer à l'incroyable petit déjeuner fermier à venir.

Spécialité maison : Nilsson parle avec délice de la « complexité simple » et de la « délicatesse » des Saint-Jacques locales, cuites au bois de genévrier et de bouleau et servies dans leur coquille.

favikenmagasinet.se
Fäviken 216
+46 0647 401 77

BABYLONSTOREN

Franschhoek, Afrique du Sud

Ce qu'on aime : Située à 1 h du Cap, dans la vallée viticole de Franschhoek, cette ferme est l'une des plus anciennes et authentiques de la région. Sur 3,5 ha de jardin, on cultive de tout : des *waterblommetjies* (fleurs comestibles) à diverses variétés de figues de Barbarie. Les récoltes sont utilisées dans les trois restaurants du lieu : Babel, Greenhouse et Bakery, tous reflétant la même philosophie : « de la cueillette à l'assiette ». Chaque mois, ce jardin accueille des ateliers pratiques, au cours desquels les hôtes visitent la cave du domaine et dégustent ses trésors. À côté, suites et chalets sont regroupés autour d'une élégante maison de campagne contemporaine.
Spécialités maison : Les salades verte, rouge ou jaune composées de fruits et de légumes classés par couleur et cueillis le jour même.

babylonstoren.com
Klapmuts Simondium Road
+27 21 863 3852
Lundi-dimanche : petit-déjeuner 8h-9h30, dîner à partir de 19h.
Mercredi-dimanche : déjeuner à partir de 12h

Page de droite : entretien des jardins du Manoir. Cette page : en haut à gauche : délicieux plat du restaurant ; en haut à droite : vue sur Monachyle Mhor ; en bas à gauche : beauté des lochs écossais ; en bas à droite : la campagne sauvage écossaise

MONACHYLE MHOR

Loch Lomond et parc national des Trossachs, Écosse

Ce qu'on aime : située sur les rives des lochs Voil et Doine, à 2 h de route d'Édimbourg, cette ferme-auberge de 16 chambres appartient à la famille Lewis. Dirigé par le chef philosophe Tom Lewis, le restaurant vous reçoit dans un cadre superbe et chaleureux. Plusieurs choses méritent une visite avant de passer à table : les lacs pleins de poissons, les distilleries où le single malt règne en maître, et une ferme biologique de 809 ha peuplée d'animaux où vous promener. Des cours de cuisine informels apprennent aux clients à écailler et à découper des filets de poissons tout en dégustant un petit verre de whisky. En dehors de la propriété, le motel-restaurant Mhor 84 et la jolie boutique Mhor in Store font partie du même ensemble. De même, à Callander, se trouvent Mhor Bread, une boulangerie centenaire, et Mhor Fish, un *fish and chips* où les frites sont cuites à la graisse de bœuf.
Spécialités maison : le Chevreuil à cuisson lente, les chanterelles au beurre fermier et les bouchées du jardin.

monachylemhor.net
Balquhidder
+44 1877 384 622
12h-14h, 18h45-21h

BELMOND LE MANOIR AUX QUAT'SAISONS

Oxfordshire, Angleterre

Ce qu'on aime : le Manoir, récemment devenu la propriété de Belmond, est une expérience culinaire rare dans une ferme bio. Longtemps à l'avant-garde, l'endroit est devenu un classique qui a défendu deux étoiles au *Michelin* pendant plus de 30 ans. À peu de distance de Londres, cet éden associe à son chef et son menu français un jardin japonais et un terrain de croquet britannique. L'hôtel de 32 chambres est à la fois somptueux et cozy. L'école de cuisine propose un large éventail de cours, à la journée ou à la demi-journée pour les adultes et les enfants, ayant pour thèmes : dîner d'été, pâtisserie ou encore secrets de cuisine.

Spécialités maison : tout ce qui pousse dans le jardin, soit 90 variétés de légumes, plus de 70 herbes et 20 sortes de champignons, sans oublier pommes, poires et coings du verger.

belmond.com
Church Road
+44 1844 278 881
Dîner : 18h30-21h30.
Mardi au dimanche : déjeuner 11h45-14h15

À chaque pays ses petits plaisirs

Sirotez local du matin au soir.

Italie : cappuccino, spritz, negroni

Maroc : jus d'orange, lait d'amande (à la fleur d'oranger), thé à la menthe

Jamaïque : bissap (hibiscus), bière de gingembre, rhum

Argentine : café con leche, maté, malbec

Angleterre : thé noir, pinte de bière, gin-tonic

Japon : thé d'orge, thé matcha, saké

Inde : thé chai, lassi (lait fermenté aromatisé), limonade au gingembre

France : café au lait, vin, champagne

Brésil : pingado (lait chaud au café), vitaminas (smoothie aux fruits), caipirinha

Australie : flat white, espresso martini, shiraz

Vietnam : eau de coco, jus de canne à sucre, bia ho'i (bière locale)

INN AT SERENBE

Chattahoochee Hills, Géorgie, États-Unis

Ce qu'on aime : le quartier de Serenbe, situé à la limite de la ville de Chattahoochee Hills non loin d'Atlanta, est un exemple d'urbanisme innovant et écologique. Il abrite cet hôtel composé de 6 bâtiments et de 27 chambres, installé sur un domaine de 24 ha, dont 10 utilisés par la ferme biologique. La cuisine régionale et les légumes bio cultivés ici sont à l'honneur dans le restaurant. Lors d'un séjour, vous goûterez les petits-déjeuners fermiers, le thé l'après-midi, les sucreries le soir. Le chef Brian Moll, qui habite juste en bas de la rue, est connu pour cueillir ses produits en allant à The Farmhouse, établissement très réputé dans cette communauté.
Spécialités maison : on est ici dans le Sud profond, et vous ne devriez pas quitter l'endroit sans essayer le poulet frit, le risotto Carolina Gold et la tarte pécan-bourbon.

serenbeinn.com
10950 Hutcheson Ferry Road
+1 770 463 2610
Samedi-dimanche : déjeuner 11h30-15h ; mercredi-dimanche : dîner 17h-21h.

Pour le fun : si l'histoire du vin est bien documentée, on ne sait pas réellement pour quelles raisons les bouteilles de grand format portent le nom des rois bibliques : Jéroboam, Roboam, Nabuchodonosor et Balthazar.

Page de gauche : vergers en fleur, Serenbe. Cette page : à gauche : la salle du restaurant ; à droite : poulet frit, spécialité du Sud

Acheter local

Préparez un festin en arpentant les meilleurs marchés du monde

	Le plus connu	Le plus local
Londres	Borough Market	Maltby Street Market
New York	Union Square Greenmarket	Grand Army Plaza Greenmarket
Barcelone	La Boqueria	Mercado de Santa Caterina
Paris	Marché d'Aligre	Marché des Enfants rouges
Séoul	Marché aux poissons de Noryangjin	Marché Garak
Los Angeles	Santa Monica Farmers' Market	Hollywood Farmers' Market
Rome	Campo de' Fiori	Nuovo Mercato di Testaccio
Seattle	Pike Place Market	Ballard Farmers' Market
Bangkok	Marché Khlong Toei	Marché flottant de Bang Phli
Toronto	St. Lawrence	Leslieville Farmers' Market
Istanbul	Bazar aux épices	Marché bio de Feriköy

DON ALFONSO 1890

Sant'Agata sui Due Golfi, Italie

Ce qu'on aime : les Italiens excellent dans deux domaines, le bon goût et l'hospitalité ; la famille Iaccarino ne fait pas exception. Installée sur la côte almafitaine, leur boutique-hôtel surplombe la baie de Naples et la baie de Salerne. Les chambres superbes portent les noms d'herbes sauvages et la cave à vin date de l'époque étrusque. Le pittoresque potager aménagé sur une falaise offre un panorama enchanteur sur l'île de Capri. Des visites guidées dans les environs sont organisées ainsi qu'un cours de cuisine pour apprendre à réaliser la véritable pizza napolitaine.

Spécialités maison : une interprétation moderne de plats classiques, où techniques et présentations éblouissantes portent calamars et *zabagliones* vers les sommets.

donalfonso.com
Corso Sant'Agata, 11
+39 081 878 0026
Fermé du 3 novembre au 31 mars
Consultez le site Internet pour les horaires

WANÅS RESTAURANT AND HOTEL

Knislinge, Suède

Ce qu'on aime : connu de longue date par les amateurs d'art, ce magnifique château du 15e siècle, avec son parc où sont disséminées des sculptures, s'est également fait un nom chez les épicuriens grâce à un restaurant haut de gamme et un hôtel de 11 chambres conçu avec goût. Située à une courte journée de Malmö et de Copenhague, cette retraite bucolique est un lieu pour se reconnecter avec la nature, que ce soit dans ses granges décorées d'œuvres d'art, sa ferme biologique ou sa salle à manger avec sa longue table.

Spécialités maison : champignons, baies et fleurs des forêts environnantes, tartare de bœuf et crème glacée préparée avec le lait provenant de la ferme biologique, l'une des plus grandes d'Europe.

wanasrh.se
Hässleholmsvägen, 289 90 Knislinge
+46 44 253 15 81
10h-19h, dîner sur réservation

Page de droite : dîner à Don Alfonso 1890, côte Amalfitaine, Italie. Cette page, haut : salle à manger du Wanås, Suède ; centre : Don Alfonso vu de la piscine ; bas : corps de ferme du Wanås

BLACKBERRY FARM

Walland, Tennessee, États-Unis.

Ce qu'on aime : les belles chambres, le superbe Spa, les paysages à couper le souffle sur les Great Smoky Mountains, la fantastique cuisine, et les dégustations de vins et whiskys. C'est la seule ferme des États-Unis où des chiens truffiers reniflent sous les chênes, suivis de près par la cheffe Alice Waters. Ce havre est connu pour ses nombreuses activités, dont des démonstrations culinaires quotidiennes et des événements viticoles, mais aussi pour sa Farmstead Field School, où les hôtes peuvent apprendre l'art du jardinage. Blackberry Mountain, la nouvelle déclinaison de l'enseigne, semble encore plus prometteuse.

Spécialités maison : à peu près tout, du fromage à la viande en passant par la bière, les champignons et les mûres produits ou cueillis sur place. Le bacon préparé par Allan Benton, meilleur artisan du Sud, fait seul exception à la règle.

blackberryfarm.com
1471 West Millers Cove Road
+1 865 984 8166
Déjeuner de 12h-14h30, dîner sur réservation uniquement

THE WILLOWS INN

Lummi Island, État de Washington, États-Unis.

Ce qu'on aime : aller au bout du monde pour une excursion culinaire exemplaire ne vous décourage pas ? Alors rendez-vous sur cette île de 26 km² au large des côtes de Washington. Le chef Blaine Wetzel, primé aux États-Unis, conçoit au Willows une cuisine raffinée basée sur l'authenticité. Il n'utilise que des ingrédients provenant de l'île ; la carte est donc fortement ancrée dans cette parcelle de terre. Les plats peuvent sembler simples, mais leur fraîcheur, leur préparation et leur présentation épatent. Réservez une chambre dans la confortable auberge principale ou louez l'un des spacieux logements - plusieurs sont en bord de mer.

Spécialités maison : le menu dégustation de 22 plats change au gré des saisons : feuilles de chou grillées, *tostada* aux herbes et crevettes au ceviche de rhubarbe.

willows-inn.com
2579 W Shore Drive
+1 888 294 2620

Page de droite : vignobles de Vik Chile
Cette page, haut : assiette fraîche ; centre : panorama depuis Blackberry Farm ; bas : cocktails du Willows Inn

VIK CHILI

Vallée de Millahue, Chili

Ce qu'on aime : né du rêve d'un œnologue passionné, cet hôtel de luxe, dirigé par Alex et Carrie Vik, est installé au cœur d'un vignoble de 4 452 ha, où sont assemblés certains des meilleurs crus du pays. Dégustez quelques verres dans l'une des 22 lumineuses chambres, près de la piscine panoramique ou au Spa, où les soins incluent des produits issus du terroir. Engagez l'un des merveilleux *huasos* (cavaliers) pour une visite sur mesure des vignes, participez à un barbecue et testez l'accord des vins du domaine avec les délices du restaurant contemporain Milla Milla. Le chef y a sélectionné le meilleur de la région, des figues aux tomates, en passant par le sel de mer des salins de Los Cisnes, vieux de 400 ans. Chaque composant raconte l'histoire de cette contrée.

Spécialités maison : les jarrets d'agneau à cuisson lente, l'anguille du Chili et le sanglier servi à la plancha dans un cadre décontracté.

vikchile.com
+569 5668 4853

Poisson frais sur le gril au Willows Inn

CONSEIL #05

Nos adresses préférées

Nous avons sélectionné ici le meilleur de la scène culinaire locale, en matière de restaurants comme d'épiceries. Huppés ou populaires, anciens ou nouveaux, ils valent la peine d'être ajoutés à votre liste, surtout si vous êtes pressé par le temps. Faites fondre vos papilles tout en faisant de délicieuses trouvailles.

El Nacional,
Barcelone, Espagne
elnacionalbcn.com

Grand Central Market,
Los Angeles, Californie, États-Unis
grandcentralmarket.com

Market on Main,
Johannesburg, Afrique du Sud
marketonmain.co.za

Markthalle Neun,
Berlin, Allemagne
markthalleneun.de

Foodhallen,
Amsterdam, Pays-Bas
foodhallen.nl

St. Roch Market,
Nouvelle-Orléans, Louisiane, États-Unis
strochmarket.com

Old Airport Road Food Centre,
51 Old Airport Road, Singapour

Smorgasburg,
New York, États-Unis
smorgasburg.com

Östermalms Saluhall,
Stockholm, Suède
ostermalmshallen.se

Isetan,
Tokyo, Japon
isetan.mistore.jp

TENKU-NO-MORI

Kyushu, Japon

Ce qu'on aime : cette « forêt dans le ciel » comprend 5 villas perdues dans les montagnes, à la pointe sud-ouest de l'île de Kyushu. Chacune d'entre elles possède de grandes baies, des poutres apparentes et de vastes terrasses de bois où se nichent des bains chauds avec des vues panoramiques. Les clients peuvent boire du champagne glacé sur une balançoire, ou se promener dans la ferme en terrasse du *ryokan*, qui produit presque tout ce qui est servi sur place, dont une trentaine de variétés de légumes. Inclus dans le prix du séjour, les repas ne reflètent pas la cuisine *kaiseki* gastronomique traditionnelle composée de nombreux petits plats, mais s'inspirent de la nature. Les visiteurs d'un jour profiteront des soins bien-être et d'un pique-nique raffiné, puis décideront de réserver une nuit dans le gîte familial rustique, mais tout aussi charmant, de Gajoen, situé à proximité.
Spécialité de la maison : le poulet fermier élevé en liberté renommé de la région.

tenkunomori.net
899-6507 Kagoshima Prefecture
+81 995 76 0777

Page de droite, haut : le style *cottage* ; bas : la cuisine de La Grenouillère, France. Cette page : cerisiers, Japon

LA GRENOUILLÈRE

Nord-Pas-de-Calais, France

Ce qu'on aime : le chef Alexandre Gauthier (deux étoiles au *Michelin)* a repris l'auberge familiale, datant du début du 20e siècle, et a mis au centre de son établissement la cuisine et sa brigade. Outre des bâtiments centenaires, deux ajouts réalisés par l'architecte Patrick Bouchain confèrent à la propriété une esthétique intéressante. Sombre et élégante, la salle du restaurant ouvre sur la nature. Ici, tout est chassé, récolté ou cultivé dans les environs, et les plats associés à près de 500 crus français différents. Le petit-déjeuner est servi dans les chambres, dont le décor mélange styles rustique et contemporain, ou dans des huttes aux grandes baies vitrées, avec salon privé, poêle à bois et bains. Si vous arrivez le matin, flânez au marché fermier et dans les magasins du village, et déjeunez à la Froggy's Tavern de Montreuil-sur-Mer, qui fait la part belle à la rôtisserie. Cette autre adresse plus décontractée du chef est située près de l'élégante station balnéaire du Touquet. Facile d'accès depuis Paris ou Londres, cette table offre de bien meilleurs tarifs que ses concurrents. Un agréable week-end en perspective.

Spécialités maison : les plats sont préparés avec des denrées provenant de la côte d'Opale, par exemple des langoustines, blinis de crabe, miel, pigeons, brioches artisanales et fraises des bois au cerfeuil.

lagrenouillere.fr
19, rue de la Grenouillère
+33 3 21 06 07 22
Ouverture variable, voir le site Internet.

PARTIE V

En quête de bien-être

Les lieux où l'on se sent bien

Bonjour ! *Namaste* ! Enlevez vos chaussures, buvez un peu d'eau, respirez à fond. Maintenant, expirez profondément. Bien. Vous arrivez dans des établissements où voyage et bien-être se conjuguent. Quel bonheur !

L'obsession moderne pour le « bien-être » ou le « vivre mieux » — des cours de fitness aux bols à smoothie, en passant par les applications de méditation et le rééquilibrage des chakras — a été largement adoptée par l'industrie touristique à grand renfort de salles de sport, retraites détox, camps itinérants, coachs sportifs, programmes hôteliers à thème, etc. La demande des voyageurs pour les repas vegan, l'acupuncture et les produits bio a été accueillie avec enthousiasme, et plus personne ne se montre surpris de voir des smoothies protéinés au menu des room-service, des cours de yoga organisés sur le toit de l'hôtel, ou des séances d'astrologie dans le hall.

Chez Fathom, nous ne considérons pas le bien-être comme un modèle en soi, nous aimons l'idée que voyager peut en principe « guérir » de tout. Les programmes de remise en forme et les bars à jus offrent certes un complément appréciable, mais qui ne respire pas mieux en se réveillant devant de superbes paysages naturels ? Ces séjours sont généralement reposants ; y inclure de belles balades, des bains de forêt ou la visite de lieux sacrés, par exemple, ne pourra que vous porter (peut-être) vers les sommets de la plénitude.

On souhaiterait explorer le monde sous ces auspices. Alors pourquoi ne pas commencer par établir une relation intègre et profonde avec des destinations emblématiques ?

Page de gauche : surfeurs, Hermosa Beach, Californie. Cette page : « respirez », amical rappel dans les rues d'Amsterdam

KYOTO, JAPON

Passer quelques jours dans le cœur spirituel et culturel du Japon est un formidable antidote au rythme effréné de la vie moderne. Kyoto est à la fois un village ancien et un centre urbain : les visiteurs y voient aussi bien des hommes d'affaires à vélo qu'un groupe de vacanciers vêtus de kimonos, et parfois une authentique geisha.

L'un des aspects les plus fascinants de Kyoto est sa multitude de temples et sanctuaires (2 000), tous plus beaux les uns que les autres. Un sentiment de calme vous envahit dès que vous sortez du *shinkansen* (le TGV japonais). Le temple shintoïste Fushimi Inari-taisha, installé au pied d'une montagne, est un lieu merveilleux à visiter lors d'une balade matinale et méditative sous ses milliers de *torii* rouges (portes), puis sur son superbe sentier à travers bois (inari.jp). En demandant une autorisation à l'avance, vous pourrez même découvrir le temple bouddhiste zen Saihō-ji, célèbre pour son étonnant jardin de mousses. Toutefois avant d'entrer, vous devrez copier une prière au pinceau.

Tenryū-ji Shigetsu, le restaurant situé à l'intérieur du temple Tenryū-ji d'Arashiyama, sert une cuisine bouddhiste végétarienne sophistiquée *(shojin ryori)* dans un cadre serein (tenryuji.com).

Sachez également qu'un seul bain dans un des *onsens* (bains chauds) suffira à vous rendre définitivement accro à ce précieux délassement.

Page de gauche : temples de Kyoto. Cette page, haut : le Nouveau-Mexique à pied ; bas : crânes sacrés du désert

SANTA FE, NOUVEAU-MEXIQUE

La plus ancienne capitale des États-Unis, village d'anciens *pueblos* et de ruines sacrées niché dans une vallée du Rio Grande attire créateurs, chercheurs spirituels et guérisseurs depuis des siècles. Peut-être à cause du changement d'altitude, ou bien du ciel limpide au-dessus des splendides paysages de roches rouges de la région ? On dit que Santa Fe serait un vortex spirituel, qui attire les énergies mystiques et curatives. Aussi des voyageurs de tous horizons viennent-ils y profiter des traditions médicinales.

Inspiré par les *onsens* japonais, avec leurs harmonieux jardins traditionnels, Ten Thousand Waves est un Spa unique niché sur les contreforts tranquilles des mystérieuses montagnes de Sangre de Cristo (tenthousandwaves.com). Au Four Seasons Resort Rancho Encantado, les hôtes peuvent prendre part à EQUUS, une méthode originale d'interactions avec les chevaux apportant connaissance et sagesse personnelles (equussantafe.com).

À 50 km au nord, El Santuario de Chimayo est considéré comme le Lourdes d'Amérique, des pélerins de toutes confessions viennent y chercher la guérison (holychimayo.us).

Plus loin, dans le comté de Rio Arriba, l'envoûtant Ghost Ranch, avec ses magnifiques formations rocheuses rouges et ses montagnes escarpées, est l'endroit où l'artiste Georgia O'Keeffe a réalisé une partie de ses toiles (ghostranch.org). Comme il n'est pas interdit de photographier, on a tout loisir de s'imprégner de l'immensité du paysage et de la lumière qui s'en dégage.

Talismans

Poursuivre le voyage spirituel de retour chez soi.

Huile de CBD du Colorado ou de Californie
Cette huile, non psychotrope, issue du cannabis a plusieurs vertus : réduction de la douleur, de l'anxiété, amélioration de l'humeur et libération de l'esprit.

Bol tibétain
Ce bol en bronze émet un son apaisant et propice à la méditation quand il est frotté avec un bâton de bois.

Encens de Santa Fe
Cette botte d'herbes séchées purifie une pièce de ses influences néfastes.

Boue siliceuse de Blue Lagoon
Provenant du fond de la célèbre vasque islandaise du même nom et riche en sels minéraux, cette boue blanche possède un fort pouvoir exfoliant.

Huile de santal de Mysore
Cette huile indienne à l'odeur douce et boisée permet de se purifier et agit comme un antiseptique sur les blessures.

Chat Maneki-neko
Placez l'une de ces amulettes japonaises datant de l'époque d'Edo chez vous ou au travail pour attirer la bonne fortune.

CONSEIL #06

Six pèlerinages qui pourraient changer votre vie

Que vous soyez en quête de spiritualité, souhaitiez vous ressourcer ou donner un autre sens à votre vie, des randonnées dans des endroits naturels et sacrés peuvent être riches d'enseignements.

KUMANO KODŌ

Ces sentiers sacrés et boisés sillonnant la péninsule japonaise de Kii, au sud d'Osaka, sont empruntés par les empereurs et les samouraïs depuis le 10e siècle.

Faire une pause : au superbe temple Seiganto-ji, avec en toile de fond la chute de Nachi (133 m de haut).

CHEMIN DE L'INCA

Suivez les traces de l'une des civilisations les plus mystérieuses du monde en traversant le majestueux paysage andin pour arriver à la cité inca du Machu Picchu.

Séance photo : les lamas sont ce qu'il y a de plus photogénique sur terre. Soyez à l'affût de ces étonnantes créatures – vos amis sur les réseaux sociaux vous en seront reconnaissants. Attention quand même à votre repas, les lamas ne sont pas timides quand il s'agit de se servir dans un sac laissé ouvert.

incatrailperu.com

CAMINO DE SANTIAGO

Depuis plus d'un millénaire, les pèlerins parcourent cette route de 965 km à travers les campagnes du Nord de l'Espagne. Le voyage peut durer près d'un mois, selon votre rythme.

Grignoter en route : sandwich aux anchois et café con leche au Cafe Iruna (cafeiruna.com) sur la plaza del Castillo (l'ancien repaire d'Hemingway pendant la feria de Pampelune).

santiago-compostela.net

MONT KAILASH

Considéré par les bouddhistes et les hindous comme l'un des lieux les plus sacrés au monde, le mont Kailash est un pèlerinage difficile et dangereux.

Rituel divin : l'illumination est plus proche que vous ne le pensez. Pour l'atteindre, on dit qu'il suffit de faire 108 fois le tour de la montagne.

LE CHEMIN DE SAINT OLAV

Fjords bleus, vallées couvertes de brouillard et orignaux, admirez la nature norvégienne dans sa plus majestueuse expression avant de visiter la cathédrale Nidaros de Trondheim, où repose le roi Olav.

Bonus : 172 marches supplémentaires vous mèneront au sommet de la tour gothique pour de belles vues sur la ville.

pilegrimsleden.no

VIA FRANCIGENA

Cette ancienne route mène les pèlerins de Canterbury à Rome, où ils s'arrêtent sur la tombe de l'apôtre Pierre.

Certificat : un passeport spécial pourra être rempli par les pèlerins avec des timbres d'étapes glanés le long de la route. Une fois à Rome, un certificat de pèlerinage leur sera remis.

viefrancigene.org

BALI, INDONÉSIE

Souvent considérée comme le dernier paradis sur terre, cette île indonésienne magique est devenue un repaire pour les surfeurs, fêtards, bobos et nomades connectés du monde entier. Entourée par l'océan Indien et la mer de Java, l'idyllique Bali est connue pour ses plages de sable blanc, ses rizières luxuriantes et ses côtes accidentées. Ancré dans un rythme de vie plus lent et une pratique spirituelle vivante, l'hindouisme balinais imprègne les multiples visages de l'île, que ce soit ses milliers de temples ou ses nombreuses célébrations culturelles.

Les amateurs de design des années 1950 logeront au Katamama Hotel, un établissement conçu par un architecte indonésien à partir de briques traditionnelles (katamama.com).

Si vous cherchez une cure réparatrice, vous la trouverez à la Sukhavati Ayurvedic Retreat, qui utilise la médecine ayurvédique vieille de 5 000 ans pour rétablir l'harmonie entre le corps et l'esprit (sukhavatibali.com).

Au sud de Bali, vous pouvez également rejoindre la petite île de Nusa Lembongan, qui offre des forêts broussailleuses, une eau turquoise, de charmantes baies, des spots de surf et des paysages splendides.

KERALA, INDE

Plages tropicales, jungles foisonnantes et yogis perfectionnant leur pratique dans les ashrams locaux : le Kerala coche à peu près toutes les cases du voyage « bien-être ». Situé à la pointe la plus au sud du pays, cet État attire toutes sortes de voyageurs, et c'est ici que viennent de nombreux Occidentaux depuis des décennies.

Fief de l'ayurveda, n'hésitez pas à consulter le charismatique Dr P. Sambhu, célèbre « médecin » qui officie depuis près de 20 ans en Inde, en Europe et en Amérique, et qui est aujourd'hui installé au centre Ayushya (ayushya.com). Puis offrez-vous une *sadhya*, le traditionnel festin végétarien local (riz accompagné d'une multitude de préparations de légumes) servi sur une feuille de bananier.

Une balade en canoë sur les canaux d'Alappuzha où les gens se baignent, lavent leurs vêtements et passent du temps en famille et entre amis, peut elle aussi changer votre regard sur la vie.

Cette page, haut: Bali; bas: un camaïeu d'épices. Page suivante: drapeaux de prière tibétains

PLATEAU TIBÉTAIN

Ce joyau caché de l'Orient appelle à lui mystiques, moines, réfugiés et croyants depuis des siècles. Le plateau tibétain, surnommé à juste titre le toit du monde, couvre la majeure partie du Tibet, des zones de la Chine occidentale et de l'Inde du Nord. D'une altitude moyenne d'environ 4 510 m, il est entouré d'imposantes montagnes, dont les deux plus hauts sommets du monde : le mont Everest et le K2. Des influences chamanistes, tantriques et bouddhistes se côtoient sur cette terre sacrée, dont on dit qu'elle possède des « foyers de rayonnement » qui saturent l'eau, les plantes, les pierres et le sol tout autour de champs d'énergie.

À 20 minutes de la célèbre ville monastique tibétaine de Labrang, en Chine, se trouve une poignée de cabanes en rondins et de tentes en poils de yak composant le Norden Camp (nordentravel.com). Les retraites et expériences proposées ici varient : yoga, guérison des chakras, fabrication de textiles, entraînement mental et physique en haute altitude. Dans un cadre exceptionnel, une journée peut commencer avec le soleil et se terminer par des chutes de neige. La région autonome du Tibet (RAT) est une terre de compassion et de bonté, et on ne peut qu'encourager les familles à réserver leur séjour, tant l'accueil des enfants est exceptionnel.

Bains de nature

Les bains naturels sont de merveilleux paradis terrestres.

EVASON MA'IN HOT SPRINGS

Madaba, Jordanie

L'aéroport international Queen Alia d'Amman se trouve à 1 h de route de cette splendide station thermale entourée de palmiers, nichée au creux d'un paysage spectaculaire de montagnes, cascades d'eau chaudes et piscines naturelles d'eau salée aux propriétés thérapeutiques. Les traitements reposent sur ces eaux riches en minéraux et sur les thérapies au sel marin. Pourquoi ne pas profiter du sauna installé dans une grotte, avant de déguster un festin bédouin sur la terrasse ? Ou bien vous rendre à la Mer morte, qui n'est qu'à 20 min ? La proximité de certains sites religieux sacrés très importants pour les trois religions monothéistes – tombeau de Moïse, lieu de baptême de Jésus – donne à l'endroit une profondeur indéfinissable.

Sowayma, 17173, Ma'In
+1 866 599 6674

ESALEN INSTITUTE

Big Sur, Californie, États-Unis

Le fameux complexe hippie situé sur une bande sauvage de la côte californienne existe depuis les années 1960. À cette époque, l'écrivain Hunter S. Thompson errait dans les bois, et Joan Baez travaillait à la cafétéria bio de la communauté. Hébergements simples, yourtes pour la méditation ou espaces pour se retrouver soi-même y sont aménagés. Toutefois cette retraite est surtout célèbre pour ses bains extérieurs, assez rustiques, perchés sur une falaise surplombant l'océan Pacifique. Ils sont ouverts 24h/24 et 7j/7 pour les clients, et à partir de 13 h pour les visiteurs. Les tribus locales les utilisent depuis près de 6 000 ans, et nul doute qu'à l'époque le maillot était déjà en option.

esalen.org
55000 Highway 1
États-Unis : 1 888 837 2536 ;
International : +1 703 342 0500

Page de gauche : flâner le long de la plage.
Cette page, haut : flotter dans la mer Morte ;
bas : le littoral autour de l'Esalen Institute, Big Sur

7132 THERME

Vals, Suisse

Il faudra vous armer d'un peu de courage et de patience pour parvenir, depuis Zurich, à la petite ville de Vals. Le trajet n'est que montagnes percées de tunnels et routes en lacets bordées de falaises, mais aussi ruisseaux et pâturages pleins de charme. Cette bourgade vous accueille alors avec ses jolis volets en bois troués de petits cœurs. Quelques virages plus loin, vous arriverez au pied d'un hôtel rétro-futuriste installé dans une vallée profonde. Ce Spa, entièrement dédié aux rituels des bains, est alimenté par la source naturelle de la ville et a été conçu par l'architecte minimaliste Peter Zumthor. Après une journée sur les pistes, les baigneurs passeront leurs soirées entre piscine extérieure, piscine intérieure et bain d'aromathérapie (rempli de pétales de fleurs).

7132.com
+41 58 713 20 00
Mercredi-dimanche : 11h-20h

THE RETREAT AT BLUE LAGOON

Grindavík, Islande

Presque tous ceux qui passent par l'Islande se baignent dans le Lagon bleu, alimenté en eau par une centrale géothermique. Sa situation proche de l'aéroport lui a donné la malheureuse réputation de piège à touristes, mais le Retreat at Blue Lagoon, premier hôtel du genre en Islande, y a créé une expérience de baignade inédite. Que ce soit pour un jour ou pour une nuit, les visiteurs profitent du lac artificiel principal et peuvent utiliser la station thermale privée, où une foule de soins est proposée. La terre volcanique rencontre l'air nordique et offre des panoramas intacts.

bluelagoon.com
Norðurljósavegur 11, 240 Grindavík
+354 420 8800

Allongez-vous parmi les majestueux séquoias de Californie

NEGOMBO

Ischia, Italie

Depuis 700 av. J.-C., les visiteurs affluent sur l'île d'Ischia, au large de Naples, pour ses eaux curatives et ses boues volcaniques riches en minéraux. Le meilleur endroit pour en profiter est sans doute Negombo, un ensemble balnéaire composé de plages, jardins et de bassins hydrothermaux – jacuzzis, bains Kneipp, chutes d'eau, saunas et hammams. Ce véritable parc aquatique est construit à flanc de colline et doté d'un labyrinthe de piscines, grottes, hydromassages et autres installations de bien-être. Des hamacs et des chaises longues sont disponibles pour faire une pause, un verre de jus frais ou un café à la main. Sur la crique privée s'alignent lits et parasols. Elle peut être bondée, mais est assez grande pour ne pas devenir insupportable. Le Spa offre toute une variété de traitements, la cerise sur le gâteau étant le hammam brûlant où les Italiens, juchés sur une dalle de marbre géante, s'arrosent d'eau froide, tandis que les rayons du soleil filtrent par de petits trous dans le plafond.

negombo.it
Baia di San Montano, 80076 Lacco Ameno
+39 081 986152
8h30-19h

BAINS DE FORÊT

Divers lieux et pays

Ceux qui n'aiment pas se mouiller apprécieront sans doute la pratique japonaise du *shinrin-yoku*, ou « bain de forêt », possible dans tout environnement boisé. Le principe est des plus simples : plongez sous la canopée, écoutez les sons et percevez les odeurs, déchaussez-vous et marchez pieds nus pour entrer en contact avec le sol et en absorber l'énergie qui s'en dégage.

Il ne s'agit pas de randonnée, mais plutôt d'immersion totale. De récentes études tendent à montrer que de régulières balades en forêt réduisent l'anxiété, la tension artérielle, la colère, améliorent le sommeil, renforcent le système immunitaire et ont même un effet bénéfique sur nos relations avec autrui.

Un guide enrichira cette expérience en vous aidant à ouvrir vos sens et à affiner votre connaissance de la faune et de la flore locales. Outre le Japon – dont les forêts de la région de Kiso, dans la préfecture de Gifu, sont particulièrement belles –, nous vous conseillons les forêts des Møns Klint au Danemark, la Forêt-Noire en Allemagne et le parc national de Redwood en Californie, qui abrite les plus hauts arbres de la planète.

PARTIE VI

Nomades connectés

Prendre la route et travailler

Pour beaucoup, se libérer des contraintes de la vie de bureau est l'objectif à atteindre. Nous sommes entrés dans le monde de la mobilité et de l'indépendance, qui a ses avantages et ses inconvénients.

Désormais, nous souhaitons que notre carrière ait un réel intérêt, et cela implique parfois de renoncer à une certaine stabilité. Nous voulons également trouver le bon équilibre entre travail et vie privée, ce qui semble contraire à l'idée capitaliste selon laquelle il faut travailler toujours plus pour toujours plus de productivité. Le bouleversement des normes – se rendre tous les jours au bureau, y rester de 9 h à 18 h – remet en question l'idée même de travail, et pose la question essentielle du lieu où nous voulons travailler. Si les contingences de notre vie professionnelle ne nous contraignent pas à travailler dans un cadre particulier, peu importe où vous vous trouvez, tant que le travail est fait.

Cela nous donne alors la possibilité de pratiquer notre activité à distance, dans un cadre plus exaltant ! Comme une plage à Bali, un café parisien ou la cabine d'un bateau traversant l'Atlantique. Imaginez-vous gagner votre vie tout en vous imprégnant de nouvelles cultures et expériences, en découvrant saveurs et paysages inattendus. C'est l'ultime fantasme du voyageur moderne : devenir un nomade connecté.

Depuis les premiers récits de voyage publiés, les écrivains ont décrit la sensation de se réveiller ou de s'installer à une table de café dans une contrée lointaine, et de s'émerveiller et s'inspirer de la vie se déroulant devant eux. L'essor récent des nouvelles technologies, des réseaux de télécommunication, des espaces de travail commun et des réseaux sociaux a rendu ce nomadisme de plus en plus facile. Aujourd'hui, on peut travailler, s'amuser, voyager… et recommencer dans un autre cadre la fois suivante. Le nomade connecté vit partout et nulle part à la fois.

Pour les écrivains, designers, développeurs, créateurs, consultants, photographes ou tout autre professionnel free lance ayant le goût de l'aventure, c'est une façon riche et plaisante de vivre des expériences alternatives. Cependant, la réalité n'est pas toujours aussi idyllique. Si vous atterrissiez dans une ville inconnue au milieu de la nuit et que vous cherchiez à savoir où vous installer pendant quelques mois, où trouverez-vous un Wi-Fi fiable ou encore à quel endroit boire une bonne tasse de café ?

Si cela paraît intimidant, de plus en plus de personnes s'épanouissent grâce à ce mode de vie, la règle de base étant de passer au moins trois mois dans chaque endroit, afin d'organiser une vie agréable. En partageant leurs expériences, ces itinérants d'un nouveau genre inspirent ceux qui souhaitent suivre leurs traces et échanger leur routine contre le frisson de l'inconnu, en récoltant les innombrables cadeaux que le monde offre à ces curieux.

Tous les continents abritent des espaces à explorer, alors comment choisir où aller ? Certains endroits concentrent activités et débouchés ; d'autres, plus paisibles, offrent un environnement plus propice à la réflexion. Les qualités que nous avons définies en priorité sont : une communauté vivante, un Wi-Fi fiable et un coût de la vie abordable. Ces différents points sont à considérer pour se lancer dans l'aventure du nomade connecté.

Page de gauche : *coworking*, Bali. Page suivante : Chiang Mai, Thaïlande

CONSEIL #07

Travailler pour voyager (et vice versa)

Pour conjuguer travail et voyage, les collaborateurs de Fathom n'ont pas leur pareil. Ajoutez-les à votre fil Instagram pour apprendre leurs astuces.

Alpana Deshmukh
@alpana.deshmukh

Anna Petrow
@annapetrow

Chris Schalkx
@chrisschalkx

Daniel Schwartz
@hellowithyou

Dulci Edge
@ladulcivida

Emily Nathan
@ernathan

Erica Firpo
@ericafirpo

Jessica Cantlin
@feed. my.wanderlust

Kasia Dietz
@kasiadietz

Kate Donnelly
@k8bdonnelly

Katie McKnoulty
@thetravellinglight

Larkin Clark
@larkinclark

Lee Litumbe
@spiritedpursuit

Lucy Laucht
@lucylaucht

Mark Gray
@daysofmrgray

Michaela Trimble
@michaelatrimble

Paul Jebara
@paulgoesthere

Pauline Egge
@petitepassport

Tanveer Badal
@tanveerbadal

Victoria Cairo
@victoria.a.cairo

LE PORTE-ÉTENDARD : CHIANG MAI, THAÏLANDE

La ville la plus connectée de Thaïlande arrive en tête pour de bonnes raisons.

Demandez à un nomade connecté chevronné de vous parler de son expérience préférée, et il y a fort à parier qu'il parlera de Chiang Mai. La deuxième ville de Thaïlande est devenue le point de ralliement des travailleurs itinérants du monde entier. Lors d'une promenade en ville, on tombe facilement sur un *open-space* bourdonnant d'activité ou on rencontre un « collègue » dans un bar ou un café. Ce fort sentiment de communauté ou « d'être dans le même bateau » anime ces professionnels motivés toujours plus nombreux.

Le faible coût de la vie locale aide aussi. Un budget mensuel de 33 000 bahts thaïlandais (1 000 €) couvre largement les frais de base. De plus, manger à l'extérieur revient moins cher que cuisiner à la maison, et les trajets en *tuktuk* ne dépassent jamais quelques euros. Le Wi-Fi est gratuit un peu partout, notamment avec un forfait téléphonique local donnant accès à de nombreux *hotspots*. Très répandus et bon marché, les espaces de *coworking* ont généralement de très bonnes connexions Internet et l'atmosphère y favorise la collaboration.

Bien que la ville se soit adaptée ces dernières années aux exigences des nouveaux voyageurs et expatriés, son cachet est resté intact, et on trouve des temples et des marchés animés partout ; l'énergie de la jeunesse flotte dans l'air grâce aux trois universités, et diverses excursions d'une journée permettent de découvrir le nord sauvage du pays. En un mot, Chiang Mai est l'un des centres les plus attractifs d'Asie du Sud-Est.

Ville alternative : Hô Chi Minh-Ville, Vietnam

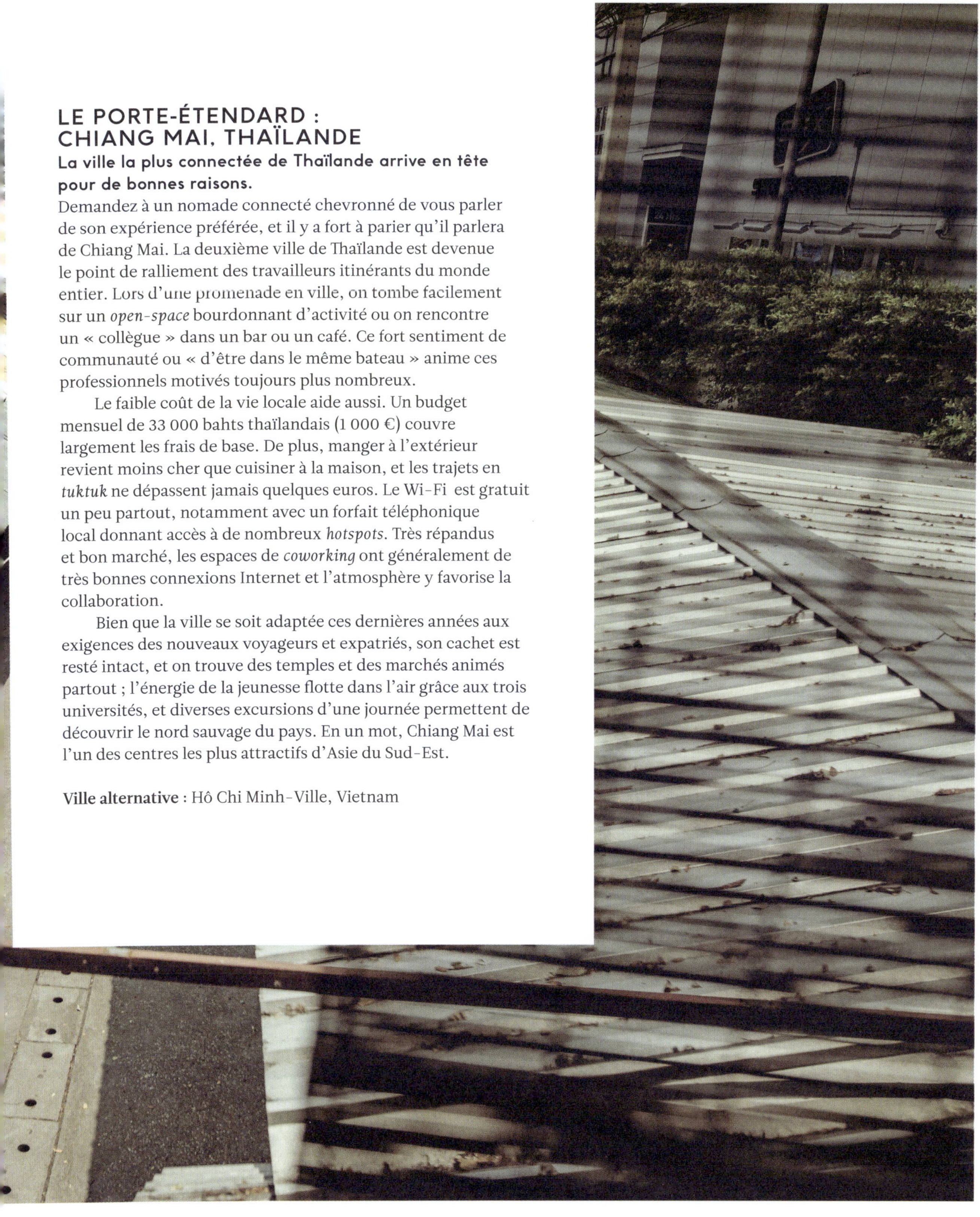

UNE BOURGADE DE RÊVE : SPOLETE, OMBRIE, ITALIE

À Spolete, la vie est aussi douce et tranquille que le linge fraîchement lavé séchant au soleil. Le calme et le charme des petites villes sont synonymes d'une qualité de vie des plus agréables.

L'été du troisième anniversaire de Fathom, nous avons accepté l'offre d'un ami : séjourner dans le *palazzo* de sa famille à Spolete, une petite cité en Ombrie sommeillant au pied des Apennins. La maison était inhabitée depuis quelques années et se distinguait par ses grandes fresques, son ameublement tout en velours et sa connexion Wi-Fi particulièrement fiable. Notre ami souhaitait insuffler de la vie à cette demeure, et nous, nous voulions nous installer et nous soulager quelque peu de notre travail. Ce n'est pas tous les jours qu'on vous propose de déplacer votre siège social d'un espace étroit de Manhattan dans un romantique palais d'un bourg médiéval, et ce gratuitement ! Certaines occasions sont trop belles pour ne pas être saisies.

Les voyageurs, qui choisissent de petites villes plutôt que des grandes, sont naturellement amenés à vivre au rythme local, et c'est une excellente chose. À Spolete, au lieu de nous précipiter partout comme de bons New-Yorkais, nous nous sommes efforcés de prendre le temps, flânant dans les rues pavées, ouvrant les volets pour regarder les passants, faisant notre *passeggiata* (la promenade habituelle) du soir sur les places, et terminant la nuit non pas sur un réseau social, mais autour d'un verre de vin de la région et d'un expresso, avant d'entamer une partie de cartes aux chandelles.

Vivre dans un village nous a incités à apprendre son histoire, et à connaître ses spécificités culturelles, ses habitants et ses délices – dont les *strangozzi*, une variante ombrienne de *linguini* aux fèves, *pancetta*, et *pecorino*. Nous avons trouvé le temps et l'espace nécessaires pour réfléchir à notre projet et en affiner les contours et les objectifs. Un bourg peut être appréciable pour finaliser les détails d'une nouvelle entreprise, s'immerger dans une nouvelle langue ou boucler un travail sans être distrait.

Villages alternatifs : Hydra, Grèce ; Guanajuato, Mexique ; Šibenik, Croatie

LA PLUS TECHNOPHILE : TALLINN, ESTONIE

Le lieu de naissance de Skype ne peut pas décevoir pour exercer une activité créative. Le plan de bataille de Tallinn : devenir la ville où il est possible de créer le plus facilement une start-up en Europe. Le gouvernement estonien lance un visa nomade (une première mondiale), qui permettra aux « indépendants » de séjourner légalement dans le pays jusqu'à 12 mois, soit quatre fois plus que le visa habituel. Plus besoin de renouveler sans cesse ses visas touristiques, comme ailleurs. Une aubaine pour les équipes à la recherche de stabilité et désireuses de travailler sur des projets à long terme, tout en bénéficiant de tout ce que Tallinn et l'Estonie ont à offrir. Le réseau Wi-Fi public le plus rapide du monde, de nombreux parcs, de jolis cafés et des espaces de *coworking*, une culture estivale dynamique et une communauté enjouée d'entrepreneurs, de créatifs et d'informaticiens, à l'image de celle ayant lancé Skype, il y a près de 20 ans, s'y trouvent.

Le seul inconvénient ? Les hivers sont tout de même assez rudes. Mais avec ce nouveau visa, les résidents bénéficient de 90 jours pour voyager dans les pays de l'espace Schengen, ainsi une escapade en Italie, en Grèce ou en Espagne pour prendre un peu le soleil devient vraiment facile.

Villes alternatives : Tel-Aviv, Israël ; Dublin, Irlande

Page de gauche, haut : l'auteur Jeralyn Gerba au travail ; bas : la cathédrale de Spolete, Italie. Cette page, haut : terrasse du Telliskivi Creative City de Tallinn, Estonie ; bas : intérieur du Telliskivi. Page suivante : travail et détente, Bali

L'ÉQUILIBRE PARFAIT : BALI, INDONÉSIE

Île luxuriante et peu coûteuse, vous profiterez d'une nature sauvage juste à votre porte.

Depuis quelques années, nous avons constaté que nombre de nos collaboratrices se rendaient à Ubud, sur l'île de Bali. L'une d'entre elles, Katie McKnoulty, alimente son blog *The Traveling Light* en parlant de ses voyages, et observe qu'Ubud est devenu l'un des refuges favoris des personnes qui souhaitent sortir de la routine du bureau ou recommencer à zéro. C'est un lieu de rencontre entre esprits libres, chercheurs spirituels et éternels vagabonds, une île où l'on se rend pour méditer et repartir sur de nouvelles bases.

Comme si les plages spectaculaires, les jungles luxuriantes, les eaux turquoise, la nourriture et les massages bon marché n'étaient pas suffisants, la communauté locale accueille très chaleureusement les nouveaux venus. Une chose a notamment touché McKnoulty, c'est la facilité avec laquelle on noue des contacts. Beaucoup commencent de nouvelles activités : danse, chant… On ne s'ennuie jamais à Bali. Attention cependant : la vie est si douce à Ubud que beaucoup de gens ne veulent plus en partir, et le retour au monde réel peut être difficile.

Villes alternatives : Colombo, Sri Lanka ; Canggu, Bali

UNE VILLE À L'AVANT-GARDE : BERLIN, ALLEMAGNE

Artistes, créateurs et noctambules convergent vers cette ville avant-gardiste et hyper-connectée pour son mélange de pragmatisme allemand et d'ambiance branchée.
Pendant un bref séjour, avant le lancement de Fathom, Berlin a été l'un de nos terrains d'inspiration. Cette capitale active 24h/24 et 7j/7 compte assez de musées et d'institutions culturelles pour rivaliser avec la folie de ses nuits. Veiller à l'équilibre travail/loisirs est une spécialité berlinoise. De jour, la ville est animée par les artistes de tous poils et les free-lances. Ces indépendants y vivent et y travaillent convenablement car la vie reste peu chère. Les employés de bureau se réunissent autour d'un repas chaud au lieu de manger seuls devant leur ordinateur, tandis que cadres et universitaires se passionnent pour de vieux disques ou organisent des fêtes mémorables. Les habitants et la ville sont à la pointe du progrès. Rien n'est trop propre, trop bourgeois ou trop guindé, et la métropole allemande est bien située pour rejoindre aisément les autres capitales européennes. En été, l'ambiance des cafés et les grands espaces verts participent au sentiment général de convivialité, plus fort que dans la plupart des villes internationales.

Villes alternatives : Prague, République tchèque ; Budapest, Hongrie ; Lisbonne, Portugal

Pour le fun : l'astronaute américaine Peggy Whitson (née en 1960) repousse toujours plus loin les limites de son travail et a pulvérisé de nombreux records. Parmi ceux-ci : elle est la femme la plus « âgée » à avoir voyagé dans l'espace, à y avoir effectué le plus grand nombre de sorties et passé le plus de temps.

UN DIAMANT À L'ÉTAT BRUT : MEDELLÍN, COLOMBIE

L'effervescence des grandes villes, l'hospitalité et le beau temps créent un climat de travail agréable dans un endroit encore peu fréquenté.

Oubliez la série *Narcos*, ses cartels et ses narcotrafiquants. Medellín s'est réinventée. Développement urbain et vie culturelle en plein essor ont fait de cette ville un endroit de prédilection pour les voyageurs-travailleurs indépendants en Amérique du Sud. Il y existe de nombreux hôtels, restaurants, cafés et espaces de travail et de socialisation, et on y est bien reçu !

Medellín a une chaleur qui manque à beaucoup de grandes villes. Les habitants, qui se font appeler les Paisas, sont incroyablement accueillants et toujours prêts à aider et à conseiller, par exemple le meilleur endroit pour déjeuner ou un café agréable. L'espagnol de base est utile dans de nombreuses situations, mais même si vous ne comprenez pas la langue, cela ne nuira pas à votre vie sociale, car ici les amis se font sur la piste de danse.

Toutefois, le tableau n'est pas si rose. La circulation est difficile, les emplois peu payés et il reste encore des quartiers qu'il vaut mieux éviter la nuit. En dehors de cela, la ville garde tout son charme, et l'on peut s'y rendre depuis plusieurs capitales européennes. Les logements sont bon marché, tout comme les repas. Une belle assiette du *menú del dia*, composée de riz, haricots, légumes et viande coûte environ 12 000 pesos colombiens (soit moins de 4 €), et se déplacer est un jeu d'enfant, que ce soit en taxi ou en métro.

Cerise sur le gâteau : il fait environ 22°C toute l'année, un temps idéal pour satisfaire à la fois les objectifs de travail et de forme physique. Terrasses de cafés et gymnases en plein air vous y aideront.

Villes alternatives : Le Cap, Afrique du Sud ; Oaxaca, Mexique

Page ci-contre : café décoré de plantes à Berlin. Cette page, haut : les couleurs de Medellín

Les lieux de travail les plus cool

Travailler tout en voyageant est le rêve du nomade connecté. Mais les cafés bondés, les connexions Internet de mauvaise qualité et le sentiment d'isolement... un peu moins. Ces espaces de travail bien conçus sont des lieux chaleureux et confortables.

SINGAPOUR : THE WORKING CAPITOL

Le site principal regroupe cinq anciens ateliers lumineux sur Keong Saik Road, et dispose de plusieurs espaces pouvant accueillir jusqu'à 200 personnes, d'un jardin avec un bar et de 3 restaurants. Le deuxième site, dans le quartier des affaires, propose café, bar, restaurant, terrasse sur le toit et piscine.

theworkingcapitol.com
1 Keong Saik Road
+65 6805 4050
Lundi-vendredi : 8h30-18h.

UBUD, BALI : HUBUD

Cet espace de travail en bambou est connu pour la convivialité de ses nomades connectés. Un café, des événements divers et un programme de colocation adapté aux équipes qui souhaitent s'installer rapidement aideront à s'intégrer au plus vite.

hubud.org
Monkey Forest Road 88x
+62 361 978073

BOMBAY, INDE : MINISTRY OF NEW

Cet entrepôt design dirigé par deux Néerlandais propose un vaste *open-space* rempli de plantes, d'une cour lumineuse, d'une charmante bibliothèque, utilisée aussi comme salle de réunion, et d'un café branché servant pâtes, salades et sandwiches.

ministryofnew.in
Kitab Mahal, 3e ét., 192 Dadabhai Naoroji Road,
Azad Maidan, Fort
+91 22 6635 6505
Lundi-vendredi : 9h-21h, samedi : 10h-16h

Page de gauche: The Working Capitol.
Cette page, haut: confortablement intallée pour travailler au Hubud, Bali; bas: Ministry of New, Bombay, Inde.

AMÉRIQUE LATINE : LES HÔTELS SELINA

Cette chaîne hôtelière en pleine expansion rend la vie du voyageur free-lance plus facile en associant un espace de travail commun à un hébergement abordable. On trouve les établissements dans les villes et les stations balnéaires d'Amérique centrale et du Sud (Costa Rica, Panama et Colombie). Un abonnement permet de finir un projet en visitant plusieurs endroits.

selina.com

TOKYO, JAPON : NINETYTWO13

Comment ne pas aimer ce complexe de bureaux inspiré d'un atelier industriel ? Décoré de meubles du monde entier, le NinetyTwo13 attire une clientèle chic internationale. Il comprend une cuisine, une salle de yoga, un gymnase, des salles de réunion, un atelier, une laverie et même des appartements à louer à l'étage. En plus, il se trouve au centre de Tokyo.

tokyochapter.com
Akasaka 9-2-13 minato-ku
+81 03 6721 0175

MONTRÉAL, CANADA : CREW COLLECTIVE

Cet ancien et magnifique établissement bancaire - hauts plafonds, marbre et bronze à profusion - accueille les créatifs de la ville dans des bureaux privés ou des espaces de travail partagés, des salons, des salles de réunion et bien sûr un café et un bar pour déjeuner et se détendre.

crewcollectivecafe.com
360 St-Jacques

Page de gauche : *open-space* chez Crew Collective. Cette page, haut : toit du NinetyTwo13, Tokyo ; bas : un autre bel espace chez Crew Collective

Espace de travail en commun à l'Hubud, Bali

CONSEIL #08

Grands voyageurs

Bien avant que les nomades connectés ne saisissent les nouvelles opportunités qui s'offrent à eux, des esprits intrépides avaient déjà exploré de nouveaux horizons. Au cours du seul 20e siècle, plusieurs personnalités ont ouvert la voie à des manières inédites de voyager et ont transcrit leurs expériences. Il y a beaucoup à apprendre de ces précurseurs.

Zora Neale Hurston

Figure de la Renaissance de Harlem, anthropologue et auteure influente, Zora Neale Hurston a mené un travail ethnographique de terrain en immersion totale. Elle raconte ses voyages en train, ses enquêtes sur le vaudou, écrit sur le folklore des Caraïbes et rédige un guide de la Floride en 1939 – ne cessant de voyager en dépit des lois Jim Crow. Son autobiographie (*Dust Tracks on a Road*), est drôle et audacieuse.

Beryl Markham

L'aviatrice et aventurière kényane d'origine britannique revendique de nombreuses premières : première dresseuse de chevaux de course d'Afrique, première aviatrice d'Afrique et première femme à traverser l'Atlantique en solitaire. *West with the Night* raconte ses aventures.

Jane Goodall

La célèbre primatologue a passé la plupart de son temps sur la route (environ 300 jours par an) pour défendre la cause animale, l'environnement et la conservation des espèces. De son arrivée en bateau au Kenya aux rencontres qu'elle a faites sur place, en passant par ses périples dans la brousse pour étudier les chimpanzés (accompagnée de sa mère) et l'institut qu'elle a créé sur place, son histoire est des plus inspirantes. Découvrez l'aventure qu'a été sa vie dans *Shadow of Man.*

Bill Bryson

Enquêteur prolifique, ce journaliste et écrivain a le don de capter l'esprit des petites villes d'Amérique, d'Australie et de Grande-Bretagne avec humour, légèreté et esprit. Commencez par lire *Promenons-nous dans les bois.*

James Baldwin

Beaucoup d'écrivains en herbe se sont inspirés des choix de ce romancier et critique social qui a vécu et écrit à Paris au milieu du 20e siècle, après avoir quitté les États-Unis racistes et homophobes. Il y arrive avec un aller simple à l'âge de 24 ans, sans argent et sans connaissance de la langue. Mais il se fait vite un nom et mène une vie romantique intense, qu'il décrit dans son essai *La Nouvelle Génération perdue* (1961).

Nicolas Bouvier

Ce journaliste et écrivain suisse a redéfinit la littérature de voyage du 20e siècle, grâce à son œuvre *L'Usage du monde*, publié en 1963 à compte d'auteur. Il a arpenté de nombreux pays, notamment l'Inde et le Japon. Il est décédé en 1998 à Genève.

Jean-Christophe Rufin
Élu en 2008 à l'Académie Française, cet écrivain et diplomate français a longtemps travaillé dans des ONG au Rwanda et aux Philippines, pour ne citer qu'eux. Très actif au sein de l'organisation caritative *Médecins sans frontières*, il a effectué des missions en Amérique latine et en Afrique de l'Est. Il détient de nombreux prix, notamment deux prix Goncourt, obtenus en 1997 et en 2001, pour *L'Abyssin* et *Rouge Brésil*.

Mae Jemison
Ingénieur, médecin, danseuse et astronaute de la NASA, est la première femme afro-américaine à voyager dans l'espace. Intelligente, créative et déterminée, elle n'a eu de cesse de repousser les limites du possible. Découvrez sa série scientifique sur Discovery Channel, *World of Wonders*, ainsi que ses mémoires, destinés aux enfants : *Find Where the Wind Goes*.

Ernest Hemingway
Il n'y a probablement pas de figure littéraire nomade plus connue que ce géant du 20e siècle. Bien sûr, machisme et amertume sont omniprésents dans les œuvres du célèbre conteur, mais également son incroyable sens de l'aventure. Entrez en plein cœur de l'action avec *Le soleil se lève aussi* (1926).

Maya Angelou
Reconnue comme une figure de premier plan de la poésie et de l'activisme américains, Maya Angelou a vécu de nombreuses vies, dont celle de chanteuse, danseuse, actrice et journaliste (Égypte et Ghana). Les thèmes centraux de son travail sont l'identité et le voyage. Lisez ses explorations lyriques de l'Afrique dans *Un billet d'avion pour l'Afrique*.

Ernest Shackleton
L'explorateur polaire se définit par son farouche instinct de survie et son leadership inébranlable. Son expédition ratée au pôle Sud, au début des années 1900, demeure un modèle de gestion de crise aujourd'hui. Lisez l'histoire de sa légendaire, et déchirante, expédition en Antarctique dans *L'Endurance*.

Amelia Earhart
Elle voyait l'aviation comme une chance de rassembler les peuples et encourageait d'autres femmes à la rejoindre. En plus d'être la première femme à traverser l'Atlantique, cette pilote passionnée s'est portée volontaire à la Croix-Rouge pendant la Première Guerre mondiale, a enseigné aux étudiants en aéronautique de l'université Purdue, a lancé une ligne de mode inspirée du vol et a été la rédactrice du *Cosmopolitan* dans le domaine de l'aéronautique. Feuilletez son autobiographie, *The Fun of It*.

Paul Theroux
Cet écrivain-voyageur contemporain a fait la chronique de tant de pays qu'il est difficile de choisir par où commencer. Il semble avoir la capacité de toucher à la vérité d'un lieu spontanément et en apprenant à connaître les gens du pays, mais sans se priver de quelques critiques à l'égard des gouvernements (ses livres étant parfois interdits). Laissez-vous transporter par son grand classique, *The Great Railway Bazaar*.

Sylvain Tesson
Amoureux du voyage depuis toujours, ce célèbre auteur français traverse le monde à pied, à vélo ou encore à moto. Découvrez son univers grâce à ses nombreux ouvrages, notamment *La Panthère des neiges*, Prix Renaudot 2019.

Pico Iyer
Un écrivain-voyageur qui sait d'expérience ce que multiculturalisme veut dire : né en Grande-Bretagne de parents indiens, il vit en Californie, se lie d'amitié avec le 14e Dalaï-Lama et déménage au Japon avec son épouse nippone. En plus d'avoir une belle prose, Iyer approfondit de nombreux sujets intéressants tels que spiritualité, question de la mobilité et de l'immobilité ou de l'errance du voyage. Voir ses conférences : « *Where Is Home ?* » et « *The Beauty of What We'll Never Know* ».

Rebecca Solnit
L'essayiste et rédactrice en chef américaine fait valoir la nécessité pour l'esprit de prendre des détours subversifs, nous conseillant de nous concentrer sur le chemin plutôt que sur la destination. Elle a travaillé sur des campagnes de défense des droits de l'homme et les violences faites aux femmes, fait des reportages, partagé des histoires inédites et disséqué la culture de son pays. Fait amusant : le mot *mansplaining* est inspiré de son essai *Ces hommes qui m'expliquent la vie*. Lisez sa série d'essais autobiographiques, *A Field Guide to Getting Lost*.

PARTIE VII

Voyages responsables

Le monde est ce que nous en faisons

Nous vivons une époque étrange et turbulente, où les anciens ordres politiques sont chamboulés et des peuples entiers déplacés. Résultat inévitable : le monde semble plus chaotique et troublé que jamais.

Si la seconde moitié du 20e siècle a connu des révolutions motivées par des espoirs démocratiques, le 21e siècle s'annonce comme une ère d'instabilité et d'insécurité, qu'attestent les attaques terroristes et les tragédies. Guerres civiles et troubles politiques entraînent de massifs mouvements migratoires. Des populations désespérées fuient leurs foyers pour rejoindre des terres étrangères en quête de sécurité, et découvrent que les frontières sont de plus en plus fermées, les pays peu enclins à les accueillir – même dans les États où sont ancrés les principes démocratiques.

On serait tenté de penser que nous nous éloignons du progrès et qu'au sein de ce monde instable l'unique solution est peut-être de rester à la maison.

Et pourtant.

Notre époque offre aussi un autre visage, celui de l'espoir, celui de l'amour.

Nous voyageons avec ces valeurs à l'esprit. Nous assumons une citoyenneté internationale et nous nous efforçons de nous comporter partout avec décence, gentillesse et chaleur.

Les distances rétrécissent, grâce à la technologie et à la diffusion immédiate des informations. Nous écoutons les mêmes musiques, les mêmes chansons, nous partageons avec des personnes du Sénégal ou de San Diego sur les réseaux sociaux. Cependant, même dans ce monde hyper connecté, le nationalisme en plein essor s'accompagne de fléaux : xénophobie, racisme et peur. De quoi déchanter.

Mais la situation n'est pas toujours aussi alarmante, nos actions, aussi petites et individuelles soient-elles, ont un impact. Le remède contre la xénophobie ? Voyager ! Découvrir d'autres cultures avec des étrangers. Quelle autre méthode plus efficace pour se rendre compte que nous sommes tous à peu près identiques ? Changer le menu, la musique, le décor, les vêtements et la langue n'est rien, l'humain demeure identique.

Si vous poussez cette réflexion, vous inclurez à vos pérégrinations un engagement humanitaire. Le « volontourisme » est en pleine croissance, et les globe-trotteurs disposent de plus d'opportunités que jamais pour participer ou donner un peu d'eux-mêmes lors de ces voyages. Et ils quittent ces contrées avec le sentiment que collaborer à un projet ou un autre a peut-être été utile, même si ce n'est qu'une goutte d'eau.

Page de gauche : le Bouddha de Tian Tan, Hong Kong.
Cette page : un geste de gratitude

En d'autres termes, pourquoi n'être que spectateur quand on peut devenir acteur ?

Et, si on participe, pourquoi ne pas s'engager vraiment ?

Stephanie March – comédienne, travailleuse humanitaire, grande voyageuse et auteur pour Fathom – a décidé, il y a longtemps, qu'elle intégrerait à tous ses voyages ce qu'elle appelle la « dîme humanitaire ». Dans un texte qu'elle nous a envoyé, elle nous lance le défi de faire de même :

Tandis que mes expéditions prenaient de l'ampleur, j'ai été de plus en plus confrontée à l'effroyable réalité de la vie dans les pays du Tiers Monde. L'énorme contraste qui existe entre ceux qui possèdent tant et ceux qui n'ont rien n'apparaît jamais de manière aussi éclatante que lorsqu'on ouvre son porte-monnaie pour payer une bouteille d'eau, et qu'on se rend compte que cet objet dérisoire coûte plus d'argent que ce gagne la personne qui vous a vendu cette bouteille d'eau. Il s'agit d'un des aspects les plus désorientants et déchirants des voyages.

Il est très facile d'éviter ce genre d'expérience désagréable. Vous pouvez soit ne jamais sortir de votre pays, soit n'effectuer que des voyages en première classe, en prenant soin d'éviter de voir la dure réalité. Une attitude très répandue.

Il existe pourtant une troisième voie, médiane, qui offre aux visiteurs motivés une chance d'élargir leurs horizons, de contribuer. J'appelle cela la dîme humanitaire.

En voici un exemple. Lors d'un voyage au Cambodge à Noël, nous sommes allés à Angkor Vat, où nous avons passé une journée magique à visiter les temples. Après avoir effectué une magnifique balade en tuk-tuk à travers la jungle, s'être plongés dans la piscine vert jade de La Résidence d'Angkor, et bu deux bouteilles de rosé, nous nous sommes dit que cette journée était parfaite.

Mais le Cambodge, s'il abrite d'extraordinaires vestiges architecturaux et une jungle foisonnante, est également d'une pauvreté extrême. Il est certain qu'en réglant hôtels, vols, repas, guides et objets d'artisanat local, nous avions déjà injecté de l'argent dans le système. Mais ce n'était pas un cadeau ; il s'agissait d'un échange de services, de simples transactions.

Dans notre hôtel, un écriteau expliquait que l'établissement soutenait un orphelinat local et que, si nous étions intéressés, nous pouvions effectuer un don. Nous avons demandé à notre guide si cet argent était correctement utilisé ; celui-ci a confirmé que c'était le cas. Alors, nous avons ajouté à notre note d'hôtel un don à l'orphelinat correspondant à 10 % de son montant. La dîme humanitaire.

Nous essayons d'accomplir ce genre de geste dans tous les endroits où nous nous rendons. Cette contribution peut ne pas être obligatoirement monétaire. Vous pouvez offrir un ordinateur portable ou des fournitures à une école locale, par exemple.

Si vous ne savez pas par où commencer, voici quelques conseils : demandez à votre école ou communauté religieuse si elles soutiennent un programme partenaire dans un autre pays. L'un de vos collègues possède peut-être des relations, de la famille ou s'est investi dans une association œuvrant dans la région où vous allez voyager. Facebook peut être un bon point de départ ; quelqu'un dans votre réseau d'amis pourrait vous orienter dans la bonne direction.

Une aide réelle, immédiate, effectuée localement, est une excellente manière d'exprimer votre gratitude. Après tout, vous, le voyageur, êtes considérablement enrichi par vos excursions. Selon les règles de politesse, on doit remercier son hôte.

Rendre la pareille constitue l'un des principes fondateurs de Fathom. Nous pensons que les grands voyages sont compatibles avec les actions caritatives.

Nous puisons notre inspiration dans les histoires racontées par notre communauté. Celle de cet architecte de New York qui, en compagnie de son fils adolescent, a passé ses vacances de printemps à construire des maisons dans le désert de sel du Pérou. Ce musicien en tournée qui a fondé une école de musique pour les enfants vivant dans un camp de réfugiés, en Allemagne. Autant d'idées stimulantes ; vos compétences peuvent faire des merveilles.

Sachez que si vos dons en espèces ont un impact positif, vos actions quotidiennes ont le même effet. Soutenez des sociétés appliquant une politique de développement durable. Faites vos achats auprès de producteurs locaux. Engagez-vous dans le microcrédit auprès d'un collectif de femmes artisans. Investissez-vous où que vous soyez, et agissez en conséquence.

Page de gauche, haut : un bol de fleurs à l'arrêt du car, Vietnam ; bas : balade en bateau à Bagan, Birmanie.
Cette page, haut : novices bouddhistes ; centre : à la rame à Bithoor, Inde ; bas : installation à Séville, Espagne

S'engager partout dans le monde

Comment se lier avec les habitants ? Contribuer à l'économie locale ? Vivre une expérience significative ? Comment le faire d'une manière digne, sans exploiter les hommes et l'environnement ? Voici les questions qu'il convient de se poser lorsqu'on désire voyager avec un objectif précis. Les missions de bénévolat sont délicates ; nous avons trouvé des organismes qui agissent avec respect et efficacité, et mettent à profit les compétences et ressources de chacun.

Page de gauche : le sourire est universel.
Cette page : Ali et Ting Tsan, deux adorables orangs-outangs.
Page suivante : enfants en Thaïlande

S'INVESTIR LORS D'UNE CROISIÈRE LE LONG DES CÔTES AFRICAINES

Mission : L'*Africa Mercy*, bateau affrété par Mercy Ships (Navires de l'espoir), est un hôpital flottant qui fournit des soins médicaux aux pays en développement.

Votre rôle : beaucoup de postes à pourvoir sur ce navire : cuisiniers, enseignants, réceptionnistes, etc.

Bon à savoir : cette association religieuse a de fortes convictions spirituelles.

Engagement : élevé. Mais si vous pensez qu'un hôpital-flottant est une idée superbe, cela vaut bien de se jeter à l'eau.

mercyships.fr
États-Unis : 1 800 772 7447 ; France : +33 (0)6 79 00 15 23

AU CHEVET DES ESPÈCES EN DANGER

Mission : Great Projects organise des voyages en partenariat avec des ONG locales, qui se mobilisent pour les animaux en voie d'extinction par le biais de missions de recherche et de sauvetage respectueuses de l'environnement. Par exemple : la réintroduction des populations d'orangs-outangs à Bornéo et la sauvegarde des tigres en Inde.

Votre rôle : renforcer l'équipe ; des connaissances en soudure, bâtiment et charpente constituent un plus.

Bon à savoir : ces voyages sont brefs et adaptés aux familles, donc annulez vos vacances sur la plage, et allez plutôt sauver les éléphants.

Engagement : moyen. Le niveau de difficulté dépend des animaux et de leur environnement, mais séjourner dans de beaux écolodges, centres de protection de la faune et parcs nationaux donne tout leur sel à ces expériences.

thegreatprojects.com
+44 0 208 885 4987

CHEVAUCHER DANS LES DÉSERTS DE L'INDE

Mission : Relief Riders International dispense, à cheval, de l'aide humanitaire dans le monde entier.

Idéal pour : les amateurs d'équitation.
Votre rôle : partez aux côtés du fondateur Alexander Souri et de son équipe médicale, en aidant à installer des hôpitaux de campagne dans les villages du désert.
Ce que nous aimons : l'alliance unique de bénévolat et d'aventure.
Bon à savoir : les cavaliers sont divisés en groupes rapides ou lents. Les volontaires non médecins sont bienvenus.
Engagement : élevé. Cette immersion unique permet de découvrir des aspects inédits de l'Inde, inaccessibles lors d'un voyage ordinaire.

reliefridersinternational.com
+1 413 329 5876

RÉHABILITER HAÏTI

Mission : l'English in Mind Institute enseigne l'anglais à des Haïtiens adultes afin de les aider à trouver des emplois durables et valorisants.

Votre rôle : travailler le matin dans les orphelinats, et l'après-midi enseigner l'anglais à des adultes.
Bon à savoir : avoir des notions sur l'enseignement des langues. Le français est un avantage.
Engagement : moyen. Côtoyer des enfants et des adultes vivant dans un grand dénuement est émotionnellement éprouvant mais extrêmement gratifiant.

englishinmindinstitute.org

PROTÉGER LA NATURE AUX ÉTATS-UNIS

Mission : le Sierra Club construit et entretient sentiers, parcs et réserves sauvages partout aux États-Unis.

Idéal pour : les amateurs de plein-air.
Votre rôle : nettoyer et protéger l'environnement.
Ce que nous aimons : militant de la première heure pour la préservation de la nature, John Muir fonda cet organisme en 1892, alors que le terme d'écologie n'existait pas.
Bon à savoir : cette association est la plus grande et la plus influente des États-Unis.
Engagement : élevé. Les voyages impliquent de longues heures de travail physique en plein-air.

sierraclub.org
+1 415 977 5500

CONSEIL #09

Travailler ensemble et rendre la Terre plus belle

Ces 12 structures indépendantes engagées dans l'écologie méritent notre soutien.

American Prairie Reserve
Création de la plus grande réserve naturelle des États-Unis.
americanprairie.org

Books for Africa
Collecte et envoi de livres dans 54 pays d'Afrique.
booksforafrica.org

Clean the World
Dons d'articles de toilette d'hôtels inutilisés à des gens qui en ont besoin.
cleantheworld.org

Ocean Collectiv
Préservation et nettoyage des océans du monde entier.
oceancollectiv.co

One Kid, One World
Construction d'écoles au Kenya et au Salvador.
onekidoneworld.org

Pachamama Alliance
Aide aux communautés de la forêt tropicale d'Amazonie.
pachamama.org

Pencils of Promise
Création d'écoles et soutien aux enseignants du monde entier.
pencilsofpromise.org

ShelterBox USA
Accueil des réfugiés dans le monde entier.
shelterboxusa.org

Spark Ventures
Formations commerciales pour aider les communautés à sortir de la pauvreté.
sparkventures.org

The Ocean Cleanup
Débarrasser les océans des déchets en plastique.
theoceancleanup.com

The Small Things
Soutenir les familles en Tanzanie.
thesmallthings.org

We Are Family Foundation
Donner moyens et conseils aux jeunes qui changent le monde de manière positive.
wearefamily foundation.org

SOUTENIR LES COMMUNAUTÉS EN THAÏLANDE

Mission : Local Alike contribue au développement économique et crée des emplois dans la Thaïlande rurale grâce au tourisme fondé sur les échanges culturels.

Votre rôle : venir en aide aux villages grâce au dialogue interculturel.

Bon à savoir : des activités variées sont proposées (escalade, camping, excursions, etc.).

Engagement : bas. Camping et trekking sont plus exigeants que les séjours dans les villages. Certains endroits ont l'eau chaude, mais ne comptez pas sur le Wi-Fi.

localalike.com
+66 81 139 5593

RENFORCER LES ÉCONOMIES

Mission : la Foundation for Sustainable Development forme étudiants et spécialistes, et soutient des ONG partenaires dans des pays en développement.

Votre rôle : s'impliquer dans des problématiques locales spécifiques (environnement, économie) et contrôler leur efficacité.

Bon à savoir : les voyages des bénévoles de ProCorps sont destinés aux spécialistes ayant plus de 5 ans d'expérience dans des domaines précis. Les expéditions en groupe de Global Service Trips sont brèves et organisées par les partenaires locaux.

Engagement : moyen. Ces programmes en immersion peuvent durer jusqu'à une année.

fsd.org
+1 415 283 4873

PLONGER AVEC LES ESPÈCES MENACÉES

Mission : les missions de préservation et de découverte de l'Oceanic Society permettent d'approfondir le lien entre l'homme et l'océan.

Votre rôle : accompagner des scientifiques dans leurs explorations du monde marin : observation des baleines, équipées polaires, plongées et approches de la faune sauvage.

Bon à savoir : les opérations se déroulent dans le monde entier, mais plus spécifiquement dans le Pacifique.

Engagement : bas. Exploration des environnements locaux et relevés de la vie marine.

oceanicsociety.org
États-Unis : 1 800 326 7491 ; International : +1 415 256 9604

TRANSFORMER LES ACTIONS SOLIDAIRES EN ACTIVITÉS RÉGULIÈRES

Mission : Projects Abroad encourage les jeunes à devenir bénévoles pour des projets utiles afin de rendre la société plus solidaire.

Votre rôle : participer à un stage dans une ONG consacrée aux droits de l'homme en Argentine, enseigner les langues étrangères, ou diriger des enfants dans des activités sportives.

Bon à savoir : le programme le plus populaire est de s'occuper d'enfants dans des orphelinats et des garderies.

Engagement : varié. Les longs séjours sont validés par un diplôme ; les voyages Alternative Spring Break sont parfaits pour les étudiants ; Global Gap Year présente d'innombrables choix aux jeunes diplômés.

projects-abroad.org
1 212 244 7234

Rai de lumière.
région de Son Dong.
Vietnam

PARTIE VIII

Un hôtel pour destination

Comme à la maison

On adore les grands hôtels. Ils deviennent notre habitation loin de chez nous, et le point d'ancrage de certains voyages que nous planifions. Parfois, l'hôtel est même le but d'une escapade. Plus d'une fois, une destination s'est retrouvée au sommet de notre liste des lieux à ne pas manquer parce que l'architecture ou l'hospitalité d'un établissement – ou les deux – avait commencé à attirer les visiteurs.

L'hôtel est par essence l'endroit où l'on se repose. Il peut aussi être un refuge après un long vol épuisant, ou la porte d'entrée sur une culture différente, un lieu où se ressourcer. On s'y installe comme dans une maison différente, au design impeccable, aux draps blancs soyeux, avec en prime la possibilité de commander des petits plats 24h/24. Les bons établissements répondent aux besoins de base du voyageur, propreté et sûreté ; les palaces anticipent les désirs de leurs clients, reflétant la destination où ils se situent, et on a parfois du mal à en repartir.

Le choix d'hébergements dans le monde est infini, en évolution constante, comme un organisme vivant qui s'adapterait à son environnement et répondrait aux diverses demandes des hôtes. Les grandes chaînes hôtelières suivent les tendances internationales ; les hôtels de charme, indépendants, fruits d'une passion ou vieux classiques remis au goût du jour, révèlent souvent des trésors cachés.

Ces derniers temps, l'un des hôtels les plus courus est sans doute l'Ace Hotel à Seattle. Ses créateurs ont modifié le hall traditionnel avec musique d'ambiance et salon anonyme en un lieu mixte, plus accueillant, où se trouvent un café cosy, un espace de travail, un restaurant, un bar à cocktails et une salle pour écouter de la musique. L'Ace a redéfini l'idée d'hôtel, transformant un établissement strictement destiné aux voyageurs en un lieu de quartier utilisé autant par les habitants que par les visiteurs.

Il y a 50 ans, les chaînes proposaient un hébergement identique quelle que soit la ville, ainsi un client habitué des Hilton ou des Holiday Inn se retrouvait en terrain connu à Houston, Rome ou Pékin. Aujourd'hui, la tendance s'est inversée : les hôtels – même les grandes chaînes – s'efforcent d'insuffler un caractère plus local à leur bâtiment, et s'installent parfois à proximité des quartiers branchés.

Les hôtels répertoriés dans les pages suivantes ne donnent qu'un aperçu du genre d'endroits que nous aimons pour plusieurs raisons, à savoir leur design, leur histoire, leur service attentif, leurs prestations, leur atmosphère romantique ou cool à des tarifs abordables, ou encore les équipes charmantes qui les dirigent.

Parmi ces pépites, vous trouverez une retraite surréaliste dans les vignes, un hôtel hyper moderne dans un archipel lointain, une forteresse de 230 ans convertie en domaine luxueux, ou encore un ensemble de maisons anciennes installé en banlieue. À chaque fois, dès le comptoir de la réception, vous allez profiter d'un séjour unique, même si ce n'est qu'un verre de jus de fruit frais servi avec le sourire.

Page de gauche : l'Hotel San Cristóbal à Todos Santos, Mexique

Audaces architecturales

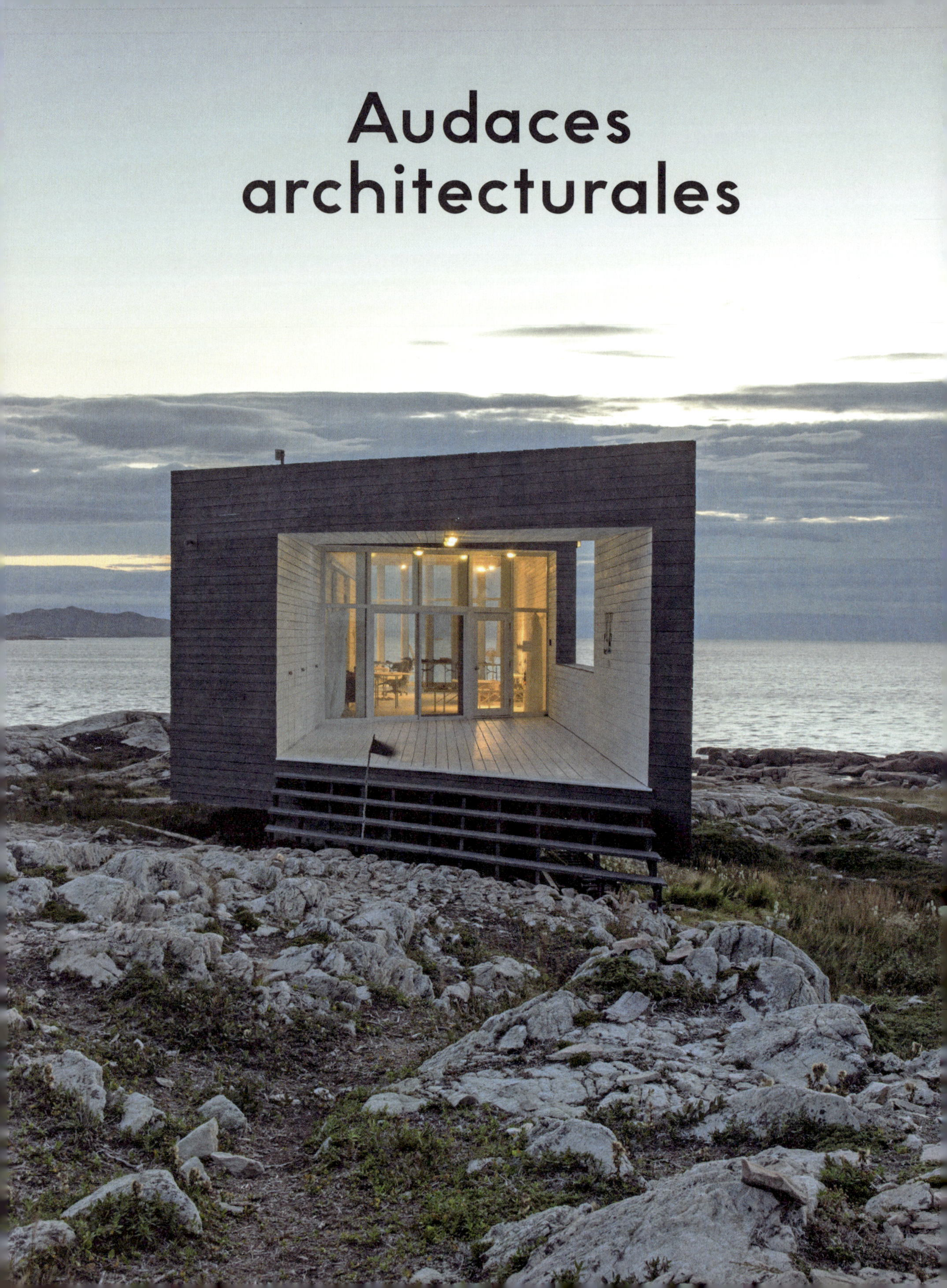

Le futur est plus proche que vous ne le pensez. Les édifices anciens, tels que les châteaux et les domaines, conserveront toujours leur place, mais des hôteliers créatifs demandent aujourd'hui à des architectes et des designers d'innover grâce à des matériaux inhabituels et de nouvelles techniques de construction.

FOGO ISLAND INN

Île Fogo, Terre-Neuve, Canada

Situé sur un archipel sauvage, cet hôtel ultra design est un ravissement pour les yeux. L'architecte Todd Saunders a conçu cet édifice en s'inspirant de la maison Saltbox américaine (en boîte à sel), et la structure comprend des panneaux solaires et des piliers d'acier. Les 29 chambres dominent la côte rocheuse et la banquise arctique. L'ameublement est en grande partie artisanal. Les cuisiniers s'approvisionnent selon la saison, et vous serez peut-être invités chez l'un d'entre eux après le dîner. Parmi les touches chics : les poêles à bois équipant les chambres et les bains nordiques sur le toit. Tout le surplus de l'auberge est réinvesti dans la communauté. Que rêver de mieux en termes de développement durable ?

fogoislandinn.ca
210 Main Road, Joe Batt's Arm
+1 855 268 9277

Page de gauche : la Fogo Island Inn.
Cette page, haut : la terrasse sur le toit ; bas : la salle à manger

SHIPWRECK LODGE

Côte des squelettes, Namibie

Dans le nord-ouest de la Namibie, au cœur d'un des paysages les plus surprenants du continent, cet hôtel permet de goûter à une aventure unique en son genre. S'inspirant des épaves qui s'alignent sur la côte Atlantique et que les Bochimans ont baptisée « la Terre que Dieu a créée dans sa colère », les chambres ressemblent à des cabines de bateau et sont des refuges à l'abri des éléments, tout spécialement quand on se glisse sous les couvertures en fausse fourrure avec une bouillotte brûlante. Conçus par l'équipe namibienne de l'architecte Nina Maritz et par la décoratrice d'intérieur Melanie Van der Merwe, les bungalows sont alimentés à l'énergie solaire. Parmi les activités proposées : découvrir la faune, grimper sur les dunes pour admirer le lever du soleil et visiter les vestiges des épaves du *Suiderkus* et du *Karimona*.

shipwrecklodge.com.na
Skeleton Coast Park Mowe Bay
+264 61 228 104

AMANYANGYUN

Shanghai, Chine

Sur une période de 15 ans, un village en péril composé de demeures anciennes et de camphriers vieux de 1 000 ans fut transporté à plus de 640 km, dans le quartier de Minhang, à Shanghai. Le cabinet d'architecture Kerry Hill a restauré avec minutie les maisons, en les convertissant en chambres d'hôtel. Un atelier de lettré chinois du 17e siècle a également été reconstitué dans un style actuel, et les hôtes peuvent s'y adonner à la contemplation ou à la pratique des arts traditionnels : calligraphie, musique et peinture.

aman.com
6161 Yuanjiang Road, Minhang District
+86 21 8011 9999

Page de droite :
le Punta Caliza.
Cette page, haut :
le Shipwreck Lodge ;
bas : l'Amanyangyun

PUNTA CALIZA

Isla Holbox, Mexique

Un architecte mexicain et sa femme artiste ont créé cette oasis de 12 chambres sur Isla Holbox, une île tendance près de Cancùn. L'hôtel est construit avec les cèdres provenant de leur forêt, plantés l'année de la naissance de leur premier fils – celui-ci et sa sœur gèrent l'hôtel. L'architecture réinterprète le style maya, dans un esprit écologique. À la place de la cour traditionnelle maya, une piscine triangulaire peu profonde se déploie dans la propriété, entourée des bungalows au toit de chaume, chacun équipé d'une piscine privée reliée au bassin principal. Ainsi vous pouvez nager jusqu'à votre chambre.

puntacaliza.com
77310 Isla Holbox, Quintana Roo
+52 99 8800 0119

Auberges de jeunesse design

Dans ces auberges de jeunesse, ni éclairage blaffard, ni dortoirs stéréotypés, ni douches payantes. Désormais, les jeunes entrepreneurs tiennent compte du goût de la jeune génération pour le design original et les espaces collectifs en proposant des hôtels bon marché d'allure luxueuse : chaleureux, conviviaux, équipés du Wi-Fi et très photogéniques.

THE INDEPENDENTE HOSTEL & SUITES

Lisbonne, Portugal

Située sur une charmante place, cette demeure centenaire spacieuse et lumineuse arbore moulures centenaires, meubles modernes, beau carrelage et suites dotées de balcons donnant sur le fleuve. Les chambres individuelles sont décorées dans le style portugais classique. Points forts : cartes d'accès, casiers fermant à clé et un bar-restaurant cool servant des plats portugais.

theindependente.pt
Rua de São Pedro de Alcântara, n° 81
+351 21 346 1381

NATIVE HOSTEL BAR & KITCHEN

Austin, Texas, États-Unis

Son design industriel est si élégant que vous vous demanderez si vous n'avez pas atterri dans le plus bel hôtel de charme de la ville. Les clients choisissent entre l'un des dortoirs équipés de lits superposés avec salle de bains partagée, une chambre loft dotée de lits superposés et d'un grand lit (idéal pour les groupes) ou une suite individuelle. Vous ne serez jamais à court d'activités sympa : *happy hour* en semaine, animations DJ, yoga, excursions plongée, projections de films, etc.

nativehostels.com
807 E 4th Street
+1 512 551 9947

Page de gauche : The Independente Hostel & Suites.
Cette page : le Native Hostel Bar & Kitchen.
Page suivante : Kaisu, à Tokyo

KAISU

Tokyo, Japon

À Asakusa, cette élégante auberge est idéalement placée près de Shibuya et de la ligne de train de Chiyoda. Le café-bar (ouvert au public), avec sa table commune, ses lampes et son canapé, ressemble à un salon chaleureux.

kaisu.jp
6 Chome-13-5 Akasaka, Minato
+81 3 5797 7711

Page de droite : le Caveland. Cette page, haut gauche : Reykjavik ; haut droite : les lits superposés design de Downtown Beds ; bas gauche : couleurs assorties à Marrakech ; bas droite : le Caveland

EQUITY POINT MARRAKECH

Marrakech, Maroc

Gardez le marchandage pour les vendeurs de la place Jemaa el-Fnaa. Au centre-ville, cette petite oasis possède tout le charme d'un riad classique sans les tarifs élevés. On peut nager dans la piscine et dîner sur la terrasse au son de groupes de musique marocaine. Excursions proposées dans les souks, cours de cuisine et balades dans le désert.

equity-point.com
80, Derb El Hammam Mouassine
+34 93 231 20 45

KEX

Reykjavik, Islande

Cette ancienne usine de biscuits, cosy et branchée, se trouve à deux rues de l'avenue principale de la ville. Les planchers de bois, les meubles Bauhaus et les pleins rayonnages de livres donnent envie de s'attarder. On peut choisir une chambre individuelle, partagée ou de style familial. Parmi les activités et services affichés : premières de films, fêtes artistiques, gymnase, barbier, Wi-Fi gratuit.

kexhostel.is
Skúlagata 28
+354 561 6060

CAVELAND

Santorin, Grèce

Fidèle aux spécificités originelles du lieu, le caveau de cet établissement vinicole du 18e siècle transformé en auberge a été modelé dans de la pierre ponce volcanique vieille de 3 600 ans. Citronniers, grenadiers et pistachiers poussent partout, parfaitement accordés aux pierres et boiseries peintes de teintes aquatiques. Détendez-vous au bord de l'une des plus grandes piscines de l'île, puis retirez-vous dans l'appartement privé historique, l'une des grottes destinées aux filles, ou une chambre double.

cave-land.com
Post Box 39, Karterádos
+30 22860 22122

DOWNTOWN BEDS

Mexico, Mexique

Les palais anciens s'adaptent à toutes sortes d'utilisations modernes, mais la noblesse espagnole n'aurait jamais pu imaginer que leurs majestueuses demeures mexicaines seraient transformées en auberges de jeunesse. Habilement conçus, les impeccables lits superposés ressemblent plus à des capsules individuelles. On trouve partout des équipements malins : laverie sur le toit, piscine sur la terrasse, bar dans le patio, hamacs et bicyclettes à disposition. La chaîne hôtelière Grupo Habita possède plusieurs hôtels de charme au Mexique et aux États-Unis, et leurs auberges bon marché sont pensées dans le même esprit.

downtownbeds.com
Calle Isabel la Católica 30, Centro Histórico, Centro
+52 55 5130 6855

Hôtels pour les accros à la photo

Lorsque vous ne serez pas en train de peaufiner la photo d'un petit plat ou de saisir le coucher de soleil à travers une coupe de champagne, vous rendrez vos *followers* fous de jalousie avec les magnifiques chambres où vous dormirez. Pièces lumineuses, décoration audacieuse et autant de détails chics justifient de séjourner dans ces hôtels, ne serait-ce que pour poster une image sur Instagram #TravelWithFathom #NoFilterNeeded

ETT HEM

Stockholm, Suède

Cette romantique maison de ville scandinave est dotée de 12 chambres. La designer londonienne, Ilse Crawford, a disposé partout couvertures en cachemire et plantes en pots, pour créer une atmosphère chaleureuse. Les moulures originelles et les canapés anciens en velours voisinent avec des équipements modernes, tels que des douches de pluie et des lampes de Michael Anastassiades. Le jardin, dessiné par Ulf Nordfjell, est idéal pour se relaxer avec un verre de vin et un petit en-cas préparé dans la jolie cuisine.

etthem.se
Sköldungagatan 2, SE-114 27
+46 8 200590

LINE DC

Washington, États-Unis

Halléluia ! Toute personne passant dans la capitale des États-Unis devrait visiter cet hôtel installé dans cette ancienne église, de style néoclassique, au cœur du quartier animé d'Adams Morgan. Ce projet communautaire mené par des chefs, artistes et designers locaux sort du lot. Avec 220 chambres, cet hôtel de charme possède le style typique de Washington. Son hall abrite d'anciens prie-Dieu en acajou pour s'asseoir, les pages de cantiques décorent les murs et sa voûte semble atteindre le ciel avec ses 18 m de haut. L'entrée abrite également la Full Service Radio, station locale créée par Jack Inslee, ancien animateur de Heritage Radio.

thelinehotel.com
1770 Euclid Street NW
+1 202 588 0525

Page de gauche : le Line DC.
Cette page, haut : la cour du Ett Hem ;
bas : la bibliothèque de l'Ett Hem

Page de gauche : le Zero George.
Cette page, haut : la Halcyon House ; bas : la piscine du Saint Cecilia

HALCYON HOUSE

Cabarita Beach, Australie

Aujourd'hui, les personnes branchées remontent la Gold Coast pour s'installer à Cabarita Beach, une station balnéaire avec de vastes plages, et un superbe spot de surf. L'architecture de cet ancien motel des années 1960 a été conservée mais mise au goût du jour avec une bonne couche de peinture blanche et bleue. Les murs tapissés, les taies d'oreillers et le carrelage artisanal dans les salles de bains sont tous ornés de motifs éclatants. Les objets anciens et l'époustouflante collection de tableaux font de chaque chambre un lieu unique. Le restaurant lumineux attire aussi le regard, tout comme la piscine et le bar.

halcyonhouse.com.au
21 Cypress Crescent
+61 02 6676 1444

HOTEL SAINT CECILIA

Austin, Texas, États-Unis

Canapés chesterfield usés, chandeliers suspendus aux arbres et une vieille Citroën garée devant sont quelques-unes des touches séduisantes de cet établissement lancé avec succès par l'hôtelière Liz Lambert. Portant le nom de la sainte patronne de la musique et de la poésie, ce petit hôtel – 3 studios et 6 bungalows au bord de la piscine – comprend aussi 5 suites inspirées par des icônes de la culture pop : par exemple la suite Patti Smith dispose d'une douche extérieure privée. La piscine, rendue célèbre par Instagram, est aussi incroyable.

hotelsaintcecilia.com
112 Academy Drive
+1 512 852 2400

ZERO GEORGE

Charleston, Caroline du Sud, États-Unis

Cette petite auberge chic se compose de trois maisons datant de 1804, parfaitement préservées, et de deux remises à calèches reliées par une cour à l'ombre des palmiers nains. Ici, on parle avec le charmant accent lent du Sud typique de Charleston. Les sols en pin et les meubles en vannerie donnent à l'endroit une ambiance nostalgique. La flotte de vélos rutilants couleur pistache n'attend que vous pour les balades en ville.

zerogeorge.com
0 George Street
+1 843 817 7900

WYTHE HOTEL

Brooklyn, New York, États-Unis

Cette ancienne usine située au bord de l'East River est typique du Nouveau Brooklyn : à la fois relax et chic, avec un bar sur le toit. Avec son décor industriel tendance (sols de béton, murs de brique), ses baies vitrées donnant sur Manhattan, et le beau carrelage du restaurant Reynard, il n'est pas surprenant que cet édifice de 1901 figure parmi les stars d'Instagram.

wythehotel.com
80 Wythe Avenue
+1 718 460 8000

AMERICAN TRADE HOTEL

Panama, République du Panama

Fruit de la collaboration entre l'Atelier Ace, Commune Design et l'agence de développement local Conservatorio, ce projet de restauration a placé ce quartier ancien de Panama dans le radar des voyageurs amateurs de design. L'hôtel possède une décoration qui reflète ses 340 années d'histoire : chaises Bertoia installées près de plantes en pots, des textiles d'art et des planchers fabriqués avec des troncs immergés dans le célèbre canal.

americantradehotel.com
Plaza Herrera Casco Viejo
+507 211 2000

HOTEL SAN CRISTÓBAL

Todos Santos, Mexique

Sur le front de mer, cet hôtel de charme est un rêve pour les amateurs de décoration d'intérieur. Avec en arrière-plan la piscine aux eaux couleur émeraude et le Pacifique au bleu profond, les carreaux de béton aux motifs éclatants cotoient tissus et meubles colorés. Des bouées rose vif flottent à la surface de la piscine, tandis que les clients vêtus des peignoirs rayés de l'hôtel se prélassent sous les parasols blancs.

sancristobalbaja.com
Playa Punta Lobos, Carretera Federal N°19, Km 54+800
International : 011 52 612 175 1530

Page de droite : le Whitby Hotel.
Cette page, haut : le Wythe Hotel ;
centre : l'American Trade Hotel ; bas : l'Hotel San Cristóbal

THE WHITBY HOTEL

New York, New York, États-Unis

Qui a dit que le quartier de Midtown, à Manhattan, n'était rempli que de bureaux ennuyeux ? Faites confiance à la gérante et décoratrice Kit Kemp pour insuffler son style joyeux et lumineux. Les chambres en imposent avec leurs baies vitrées, leurs tons colorés, et leur touche d'excentricité britannique. On peut prendre ses repas dans la salle à manger éclectique de The Orangery, remplie de pots en porcelaine illustrés des grands sites de New York. Le hall et les autres espaces collectifs sont ornés d'une impressionnante collection d'œuvres d'art contemporain venues des quatre coins du monde.

firmdalehotels.com
18 W 56th Street
+1 212 586 5656

Hôtels dans des lieux historiques

Le voyage est synonyme de changement, de réinvention. Et les hébergements n'échappent pas à cette règle. Mais plutôt que de démolir les édifices anciens pour les remplacer par des tours scintillantes flambant neuves, pourquoi ne pas reconvertir forteresses, prisons et casernes de pompiers ? Nous vous avons sélectionné ici les plus belles transformations de bâtiments historiques en hôtels.

ALILA FORT BISHANGARH

Jaipur, Inde

Au Rajasthan, sur la route entre New Delhi et Jaipur, il a fallu 7 ans pour que cette forteresse perchée sur une colline, bâtie il y a plus de deux siècles, devienne une demeure de campagne. Ancien et moderne se rencontrent dans les tourelles et murailles, qui possèdent encore leurs meurtrières, et dans les intallations des 59 suites et des restaurants. Si on vous invite dans l'ancien donjon, acceptez. C'est là qu'est installé le Spa.

alilahotels.com
Off NH-8 at Manoharpur
+91 723 005 8058

THE LIBERTY HOTEL

Boston, Massachusetts, États-Unis

« Liberty » est le nom ironique donné à cet hôtel de luxe, situé sur Beacon Hill, et qui a été durant 140 ans la prison de Boston. Sa rénovation est impressionnante, comme en témoigne l'atrium sur quatre niveaux, avec ses fenêtres et ses balcons, ainsi que les restaurants, bars, boutiques, sans oublier les chambres.

libertyhotel.com
215 Charles Street
+1 617 224 4000

Page de gauche : l'un des balcons de 1898 The Post. Cette page, haut : l'Alila Fort Bishangarh : bas : le Liberty Hotel

CONSEIL #10

Des souvenirs à portée de main

Vous les adorez dans votre chambre d'hôtel, et encore plus en les rapportant clandestinement chez vous. Un cendrier en argent par-ci, une serviette brodée d'initiales par-là. Subtiliser de petits objets est une tradition de longue date. Certains vous seront facturés, mais comment y résister ?

BELMOND HOTEL DAS CATARATAS
Parque Nacional Iguazú, Brazil
Articles de toilettes de la célèbre pharmacie Granado de Rio.
belmond.com

J.K. PLACE
Florence, Italie
Un fantastique guide de la ville, supervisé par le gérant Claudio Meli.
jkplace.com

THE RITZ
Londres, Royaume-Uni
Douillettes pantoufles bleu marine.
theritzlondon.com

LE SIRENUSE
Positano, Italie
Produits Eau d'Italie aux parfums sur mesure.
sirenuse.it

PULITZER
Amsterdam, Pays-Bas
Minuscule trousse de réparation vélo.
pulitzeramsterdam.com

SHANGRI-LA BARR AL JISSAH
Muscat, Oman
Tasses à café traditionnelles d'Oman.
shangri-la.com

KASBAH TAMADOT
Asni, Maroc
Babouches marocaines en cuir souple.
virginlimitededition.com

AMANZOE
Kranidi, Grèce
Chapeaux de paille, tongs et sacs de plage fournis pour le beach club.
aman.com

THE RITZ-CARLTON
Koh Samui, Thaïlande
Flacons d'antimoustique maison, composé de citronnelle, eucalyptus et huile essentielle de margousier.
ritzcarlton.com

1898 THE POST

Gand, Belgique

Logé dans les deux derniers étages d'un ancien bureau de poste à la façade néogothique, ce boutique-hôtel arbore des couleurs boisées, des meubles anciens et de grandes fenêtres donnant sur la ville. La journée commence avec le délicieux petit déjeuner servi dans la grande salle de The Kitchen aux sièges confortables.

zannierhotels.com
Graslei 16
+32 9 277 09 60

DETROIT FOUNDATION HOTEL

Detroit, Michigan, États-Unis

Tout le monde s'intéresse à Detroit, dont le renouveau est en marche. Jusqu'à récemment, le choix d'hôtels y était limité. Mais une ancienne caserne de pompiers, restaurée avec soin en hôtel de 100 chambres, redore le blason de la ville. Distilleurs, brasseurs, fermiers et artisans locaux ont contribué à la réalisation de ce lieu authentique. Le restaurant, The Chef's Table, est devenu un incubateur pour les talents émergents de la ville.

detroitfoundationhotel.com
250 W Larned Street
+1 313 800 5500

Page de gauche : le 1898 The Post.
Cette page, haut : El Cosmico ;
bas : El Cosmico

EL COSMICO

Marfa, Texas, États-Unis

Dans l'Ouest du Texas, la minuscule et isolée ville-musée de Marfa attire les visiteurs surmenés pour s'y ressourcer. Les 13 mobil-homes des années 1950, joliment réhabilités, sont très prisés, mais on peut aussi dormir dans un tipi, une yourte ou une tente de style safari. Sans télévision, réseau téléphonique ou accès Internet (à part dans le salon), vous pourrez exprimer votre énergie créative lors d'un atelier ou en discutant de questions existentielles sous le vaste ciel étoilé.

elcosmico.com
802 West Highland Avenue
+1 877 822 1950

Moins cher que prévu

Si l'argent n'était pas important, réserver un périple serait un jeu d'enfant. Mais quand temps et finances sont limités, dénicher un hôtel abordable et agréable, sans sacrifier au bon goût et au style, revient à trouver une aiguille dans une botte de foin. Les hôtels originaux, pas chers et charmants existent-ils ? La réponse est oui.

ACE HOTEL SEATTLE

Seattle, Washington, États-Unis

Cet hôtel pour hipsters, ouvert avant que les hipsters n'existent, est installé dans une ancienne auberge en bord de mer, qui recevait autrefois les employés du port. Il a établi un standard que bien d'autres ont suivi : design minimaliste, planchers en bois recyclé et œuvres du graffeur star Shepard Fairey. L'ambiance particulière de la côte du Nord-Ouest Pacifique dégage une atmosphère unique.

acehotel.com
2423 First Avenue
+1 206 448 4721

CATAHOULA HOTEL

La Nouvelle-Orléans, Louisiane, États-Unis

Cette maison créole est un refuge moderne avec une touche de patine. Les 35 chambres simples sont agrémentées de détails sophistiqués (tables de toilette en cyprès de Louisiane, pommeau effet eau de pluie). Le bar sert un éventail de cocktails à base de pisco, et le restaurant affiche une carte internationale.

catahoulahotel.com
914 Union Street
+1 504 603 2422

SIR SAVIGNY HOTEL

Berlin, Allemagne

Cette demeure Art déco pour aristocrates désargentés se situe dans le luxueux quartier de Charlottenburg. Les boiseries vernies, les meubles recouverts de cuir et les œuvres d'art éclectiques créent une atmosphère chaleureuse. Le petit plus des chambres : un interphone relié directement au Butcher Restaurant du rez-de-chaussée, pour les clients affamés.

sirhotels.com
Kantstraße 144
+49 (0)30 323 015 671

Page de gauche : le Casa Bonay.
Cette page, haut : le Catahoula Hotel ; bas : le Sir Savigny Hotel

L'agréable piscine de l'Austin Motel, Texas

AUSTIN MOTEL

Austin, Texas, États-Unis

La devise de ce motel est explicite : « Si proche, et si éloigné de tout. » Le style des chambres est ludique avec ses tons acidulés et ses papiers peints tape-à-l'œil. La piscine en forme de haricot et sa terrasse trônent au centre de la propriété. À l'entrée, le panneau des années 1930, toujours debout, a inspiré le look *vintage* du motel, avec des touches de désign des années 1950 et 1980.

austinmotel.com
1220 S Congress Avenue
+1 512 441 1157

ALABAMA HOTEL

Hobart, Australie

Ce pub du 19e siècle a été rénové en boutique-hôtel branché, dans cette ville connue pour son ambiance décontractée. Balcon foisonnant de plantes, bar bien fourni, détails *vintage*, chambres impeccables, Wi-Fi gratuit et une équipe très accueillante offrent une destination de rêve de l'autre côté de la Terre.

alabamahobart.com.au
72 Liverpool Street
+61 499 987 698

THE ROBEY

Chicago, Illinois, États-Unis

Suivant la tradition de Grupo Habito qui transforme d'anciens édifices avec talent, le style Art déco de cet établissement côtoie des meubles du milieu du 20e siècle, dans une palette de teintes claires et sombres minimalistes, créant un mélange attrayant et décontracté. Sur le toit, deux bars et une piscine sont à disposition pour se relaxer et admirer le panorama sur la ville.

therobey.com
2018 W North Avenue
+1 872 315 3050

Page de droite, haut : le Brown Beach House Croatia ; bas : le Casa Mae. Cette page, haut : l'Austin Motel ; bas : l'Alabama Hotel

BROWN BEACH HOUSE CROATIA

Trogir, Croatie

Situé dans une charmante station balnéaire, cet hôtel de 42 chambres n'a rien de « cheap » : on y trouve un Spa, une terrasse ensoleillée et une superbe piscine donnant sur la côte adriatique. Les jours de pluie (plutôt rares), vous pourrez passer un moment agréable dans le salon spacieux où vous attendent canapés, livres éclectiques et jouets pour les enfants, en dégustant d'excellents cafés et cocktails.

brownhotels.com
Put Gradine 66
+385 21 355 450

CASA MAE

Lagos, Portugal

Cette propriété familiale du 19e siècle a été modernisée en un hôtel de charme de 33 chambres qui, avec son carrelage en terre cuite et ses portes de bois *reixa* traditionnelles sur la façade, assurent une tranquillité toute portugaise. La boutique d'artisanat et le restaurant, où l'on peut voir la brigade s'activer, en font davantage qu'un simple endroit pour dormir.

casa-mae.com
Rua do Jogo da Bola 41
+351 968 369 732

THE HOXTON,

Williamsburg, États-Unis

Les chambres, « cosy » ou « roomy » (spacieuses), ressemblent à des boîtes à bijoux. Le merveilleux hall-salon encourage les clients et les habitants du quartier à travailler, manger et s'amuser. Ici, le look rétro-industriel avec une touche féminine anime la cuisine ouverte, la terrasse et le vaste salon aux airs d'appartement new-yorkais.

thehoxton.com
97 Wythe Avenue
+1 718 215 7100

TRIBAL HOTEL

Granada, Nicaragua

Dans la tranquille ville coloniale de Granada, la plus séduisante du Nicaragua, cet hôtel est joliment décoré dans un style bohème chic. Cet établissement doté de 7 chambres est aussi authentique que possible, avec ses tables, chaises, carrelage et transats fabriqués par des artisans locaux. Un endroit discret et tropical, tout à fait au diapason du pays.

tribal-hotel.com
Calle Cuiscoma
+505 2552 0037

CASA BONAY

Barcelone, Espagne

Le lieu idéal pour s'évader, installé à l'intérieur d'un édifice néoclassique du 19e siècle dans Dreta, quartier calme de l'Eixample. La palette de blanc, de bleu et de vert s'accorde avec le carrelage en mosaïque à l'intérieur, tandis que plusieurs prestataires locaux – comme les baristas catalans de Satan's Coffee Corner et l'éditeur indépendant Blackie Books – ajoutent une touche originale aux pièces communes.

casabonay.com
Gran Via de les Corts Catalanes, 700
+34 935 45 80 50

MOXY OSAKA HONMACHI

Osaka, Japon

Un havre branché décoré d'œuvres d'art qui captent l'effervescence de la ville. Le salon ressemble à un café pendant la journée, puis à un club le soir. On y trouve un café-épicerie libre-service ouvert 24h/24, ainsi que des espaces de travail et de jeux, avec Wi-Fi rapide.

marriott.com
2-2-9 Kawaramachi, Chuo-ku
+81 6 6204 5200

Tribal Hotel

CONSEIL #11

Éloge des mini-chaînes

Ces boutiques-hôtels restent à la pointe, en réaménageant de vieux bâtiments pour qu'ils incarnent les lieux où ils sont installés et attirent la clientèle locale. Entre autres avantages intéressants, des tarifs particulièrement abordables.

Generator
Grandes villes, d'Amsterdam à Miami
De vieux entrepôts et usines ont été repensés en lieux de rencontre pour des jeunes qui ne veulent pas qu'on les appelle routards. L'intérieur reflète le quartier, avec de nombreux détails design. On y trouve aussi bien des chambres individuelles que des dortoirs.
staygenerator.com

Mama Shelter
Métropoles du monde entier, depuis Bordeaux jusqu'à Belgrade en passant par Los Angeles et Rio
Hôtels modernes, dessinés par Philippe Starck, dans un style minimaliste et ludique. Les chambres, certaines avec salle de bains, sont équipées de manière originale. Bornes vidéo, iMacs, Wi-Fi , films gratuits et animations.
mamashelter.com/fr

Freehand
Chicago, Los Angeles, Miami, et New York
Ses intérieurs éclectiques attirent une clientèle d'habitués. À la fois auberge et hôtel, on peut dormir dans une chambre privée avec salle de bains ou dans un dortoir équipé de bons matelas. Même si vous n'y séjournez pas, venez boire un verre au Brown Shaker.
freehandhotels.com

21c Museum Hotels
Villes américaines, surtout dans le Sud
Leur premier hôtel, à Louisville, au Kentucky, a lancé la mode des « hôtels artistiques », qui fait fureur. La chaîne possède plusieurs établissements dans la région, et participe au renouveau du Sud des États-Unis. En plus de ses chambres modernes ornées d'œuvres et de son restaurant piloté par un chef, chaque hôtel se double d'un musée d'art contemporain (gratuit) où sont présentées des expositions.
21cmuseumhotels.com

Hôtels de légende

Ernest Hemingway savait comment s'évader de la ville. Oscar Wilde choisissait avec goût ses résidences, et Truman Capote avait le chic pour organiser des fêtes dans un hôtel. Suivez les pas des auteurs célèbres en séjournant dans leurs établissements favoris, puis laissez vagabonder votre imagination.

THE ALGONQUIN

New York, New York, États-Unis

Pendant les Années folles, un groupe de critiques, directeurs de revues et écrivains connus (Dorothy Parker, Ruth Hale et Alexander Woollcott...) se rencontraient tous les jours dans cet hôtel de New York pour déjeuner, jouer et échanger des blagues, en buvant beaucoup de gin.

algonquinhotel.com
59 West 44th Street
+1 212 840 6800

HOTEL AMBOS MUNDOS

La Havana, Cuba

Ernest Hemingway commença à écrire *Pour qui sonne le glas* dans la chambre 551 de cet hôtel, où il vécut pendant 7 ans, avant de s'installer dans les collines à l'extérieur de la ville. Contre un petit pourboire au liftier, vous pourrez monter visiter son ancien repaire, transformé en mini-musée.

gaviotahotels.com
153 Obispo
+53 7860 9530

Page de gauche : le GoldenEye Hotel & Resort.
Cette page, haut : gratte-ciel de Manhattan ;
bas : la chambre d'Hemingway au Hotel Ambos Mundos

L'HÔTEL

Paris, France

Oscar Wilde a résidé dans la chambre 16 de ce 5 étoiles, où il est décédé le 30 novembre 1900. L'écrivain argentin Jorge Luis Borges, fan de Wilde, s'est installé ici pour écrire dans la tranquillité. Les deux seraient surpris de constater que L'Hôtel a conservé son atmosphère, son restaurant-jardin et son hammam avec piscine au sous-sol.

l-hotel.com
13, rue des Beaux-Arts
+33 1 4441 9900

THE SAVOY

Londres, Grande-Bretagne

Au 14e siècle, Geoffrey Chaucer écrivit ici le début des *Contes de Canterbury*, alors que l'hôtel s'appelle encore le Savoy Palace. Le poète William Blake habita les dernières années de sa vie de l'autre côté de la rue. En 1889, un producteur du duo musical Gilbert et Sullivan ouvrit cet établissement de luxe, qui attira bientôt Oscar Wilde et Noël Coward, entre autres célébrités. Aujourd'hui, l'ambassadeur littéraire du Savoy supervise le programme des écrivains en résidence et organise des salons littéraires avec l'aide d'un majordome bibliothécaire.

fairmont.com/savoy
Strand
+44 0 20 7836 4343

Page de droite : chambre avec vue au GoldenEye.
Cette page, haut : L'Hôtel ; centre : le restaurant Kaspar's du Savoy ; bas : l'heure du bain au GoldenEye

GOLDENEYE HOTEL & RESORT

Oracabessa, Jamaïque

L'ancien officier du renseignement Ian Fleming s'est expatrié en Jamaïque après une mission dans les Caraïbes. Il y a construit une villa en bord de mer, dans la ville portuaire d'Oracabessa, et l'a baptisée GoldenEye, d'après une mission secrète qu'il avait effectuée durant la Seconde Guerre mondiale. Et c'est ici qu'il a rédigé sa série des *James Bond*.

goldeneye.com
Oracabessa Bay, St. Mary
+1 876 622 9009

Les hôtels les plus romantiques

Finalement, le monde peut être un endroit fabuleusement romantique. On trouve des îles paradisiaques dans tous les océans du monde. Des refuges de montagne avec vue sur l'infini. Des plages de sable blanc s'étirant jusqu'à l'horizon. Se sentir d'humeur amoureuse n'est que le début de l'aventure. Il faut encore trouver le bon endroit.

VILLA FELTRINELLI

Lac de Garde, Italie

Le lac de Garde n'est pas aussi connu que celui de Côme. Et pourtant on y trouve des lieux aussi romantiques comme cette somptueuse villa du 19e siècle à l'histoire longue et mouvementée. Même les yeux dans les yeux, vous pourrez vous laisser distraire par le décor, les citronniers centenaires et votre repas étoilé au *Michelin* servi dans la pergola. Ne résistez pas. Vous êtes en Italie et proche du paradis.

villafeltrinelli.com
Via Rimembranza 38-40, Gargnano
+39 0365 79 80 00

LONGITUDE 131°

Uluru, Australie

Le Longitude 131° est le seul hôtel où l'on peut dormir dans une tente de luxe, ou sous les étoiles, avec des vues fantastiques sur Uluru (Ayers Rock). Du sommet de la dune, on aperçoit Kata Tjuta (les Olgas). Ces deux sites aborigènes sacrés sont classés au Patrimoine mondial par l'Unesco. Le *must* dans le désert rouge australien.

longitude131.com.au
Yulara Drive, Yulara
+61 2 9918 4355

Page de gauche : vue depuis la Villa Feltrinelli.
Cette page, haut : le restaurant de la Villa Feltrinelli ; bas : le Longitude 131°

DELAIRE GRAFF LODGES AND SPA

Stellenbosch, Afrique du Sud

Si vous recherchez de l'intimité, du bon vin et un cadre magnifique, ne cherchez pas plus loin que ce domaine blotti au cœur des vignobles de la région du Cap, au col d'Helshoogte. La vue depuis votre piscine privée est une merveille. Sur ce domaine viticole ultramoderne, deux restaurants exceptionnels, une boutique de diamants et un excellent Spa sont autant d'atouts pour une escapade romantique parfaite.

delaire.co.za
Helshoogte Pass
+27 21 885 8160

LA RÉSERVE PARIS HÔTEL & SPA

Paris, France

Cet hôtel particulier, situé à deux pas du Grand Palais dans le 8e arrondissement, fut la résidence du duc de Morny (le demi-frère de Napoléon III) et, plus récemment, du couturier Pierre Cardin. Son intérieur a conservé une apparence fastueuse : les parties communes, comme ses 40 suites et ses chambres lumineuses, sont décorées d'antiquités, de soieries, de marbres et de tableaux. Au sous-sol, l'excellent Spa baigné d'une lumière chaude dispose d'une piscine – une rareté à Paris –, et le restaurant 2 étoiles au *Michelin* sert une cuisine exceptionnelle. Le plus dur sera de repartir.

lareserve-paris.com
42, avenue Gabriel
+33 1 58 36 60 60

Page de droite : la Villa Treville. Cette page, haut : le Delaire Graff Lodges and Spa ; centre : La Réserve ; bas : la piscine de La Réserve

VILLA TREVILLE

Positano, Italie

La splendide et ancienne propriété du réalisateur Franco Zefirelli est située dans des jardins luxuriants sur la côte amalfitaine. Les chambres arborent une décoration à sa « démesure » : carrelage à chevrons, mosaïque, meubles recouverts de nacre. Le service est fabuleux, discret, aux petits soins ; les cocktails à base de fruits, servis dans le Salone bianca inoubliables. Le meilleur de l'Italie à tout point de vue.

villatreville.com
Via Arienzo, 30
+39 089 812 2411

Camping glamour

Le camping dans les bois évoque des souvenirs de chants autour du feu et le partage de tentes exiguës. Mais ça, c'était avant que le « glamping » ne soit inventé ! Ainsi, certains campings abritent aujourd'hui des tentes qui ressemblent plus à des chambres cosy, avec technologie dernier cri et services impeccables. De nombreux sites n'ouvrent qu'en saison, alors renseignez-vous sur leur disponibilité avant de planifier votre séjour.

VENTANA BIG SUR

Big Sur, Californie, États-Unis

Donnant sur la vallée et les eaux scintillantes du Pacifique, cette célèbre retraite hippie du Nord de la Californie propose le meilleur hébergement de la région, dont 15 tentes en toile de style safari. Elles sont équipées de matelas spécialement conçus et de draps de lin, d'un âtre pour les feux de bois, de prises électriques et USB pour recharger vos appareils. Bien sûr, l'accès aux multiples prestations du domaine principal est compris.

ventanabigsur.com
48123 Highway 1
+1 800 628 6500

Page de gauche : Under Canvas Mount Rushmore. Cette page, haut : une tente chez Ventana Big Sur ; bas : Wild Coast Tented Lodge

WILD COAST TENTED LODGE

Yala, Sri Lanka

Installées sur un terrain contigu au parc national de Yala, où rôdent des léopards, ces tentes conçues avec des matériaux naturels ressemblent à des cocons et se fondent dans le paysage. Elles ne manquent pas de confort : climatisation, lits à baldaquin et baignoires en cuivre. En plus des menus gastronomiques sri-lankais, qui changent tout le temps, et de la vaste piscine, des excursions dans la nature et des soins au Spa agrémenteront vos journées.

resplendentceylon.com
Yala National Park
+94 11 774 5730

UNDER CANVAS MOUNT RUSHMORE

Keystone, Dakota du Sud, États-Unis

Proche d'une ancienne mine d'or entre le parc national des Badlands et la forêt nationale des Black Hills, ce camping de luxe dispose de tentes de style safari avec salle de bains. Le restaurant, abrité sous une tente, sert des repas inspirés par les pionniers. Les activités varient de classiques (orpaillage et safari en Jeep pour voir les buffles) à plus sportives (équitation et escalade).

undercanvas.com
24342 Presidio Ranch Road
+1 605 789 5194

LA PAUSE

Désert d'Agafay, Maroc

Ce camp du désert se trouve à 1 h de route de Marrakech dans les collines d'Agafay, à des années-lumière des souks bruyants et animés. Cases en terre ou tentes vous attendent selon vos désirs. L'équipe construit des structures pour les événements (tels que les mariages) puis les démontent. Les journées se passent à découvrir la région à dos de dromadaire, ou à se rafraîchir dans la piscine. Le dîner est servi sous les étoiles. Après le coucher de soleil, les bougies sont le seul éclairage.

lapause-marrakech.com
Douar Lmih Laroussiene
+212 06 10 77 22 40

CAMP WANDAWEGA

Elkhorn, Wisconsin, États-Unis

Un passé chargé d'histoires avec des gangsters, des bars clandestins et des prostituées a façonné le style de cette retraite idyllique du Middle West. Son charme vient de ses actuels propriétaires, qui adorent les marchés aux puces et les plaids étendus devant un feu de bois. Essayez la corde de Tarzan, prenez un canoë et glissez sur les eaux calmes, faites du tennis (les raquettes datent des années 1920), du tir à l'arc, du volley-ball, ou empruntez l'un des vélos pour une balade.

wandawega.com
W5453 Lake View

Page de gauche : Under Canvas Mount Rushmore. Cette page, haut : La Pause ; bas : valises multicolores au Camp Wandawega

CONSEIL #12

Des boutiques de cadeaux qui valent le détour

Plutôt que de vendre des nécessaires de toilette ou des t-shirts pour touristes, les meilleures boutiques d'hôtels proposent objets design, produits locaux et cosmétiques de luxe.

Poketo at The Line Hotel

Magasin paysan de São Lourenço do Barrocal

Boutiques du Beldi Country Club

Poketo at The Line Hotel
Los Angeles, Californie, États-Unis
Dans le hall de cet établissement branché, cette boutique regorge d'articles de pharmacie basiques, de vêtements réalisés exclusivement pour l'hôtel, et d'une formidable collection de papeterie.
poketo.com
3515 Wilshire Boulevard
+1 213 381 7411

Ham Yard Village
Londres, Royaume-Uni
Le Ham Yard Hotel se trouve dans une rue bordée d'arbres qui abrite 14 enseignes, dont une de maillots de bain brésiliens, un bar à jus style L.A., un salon thé, un salon d'esthétique et un théâtre.
firmdalehotels.com
One Ham Yard
+44 0 20 3642 2000

Magasin fermier de São Lourenço do Barrocal
Monsaraz, Portugal
Ce village métamorphosé en demeure de campagne de luxe s'étend sur un domaine de près de 8 km² planté d'oliviers et de vignes. Il compte un très joli magasin fermier, où l'on trouve une sélection de produits portugais, dont certains sont utilisés dans l'hôtel : des couvertures en laine de Burel Factory, des paniers de pique-nique en bois noir, des faïences émaillées et des bouteilles d'huile d'olive de la propriété.
barrocal.pt
7200-177 Monsaraz
+351 266 247 140

Boutiques du Beldi Country Club
Marrakech, Maroc
L'oasis du Beldi Country Club se trouve non loin du centre-ville en taxi. Une fois passé l'hôtel, les jardins, la piscine et les restaurants, les visiteurs découvrent boutiques et ateliers qui fabriquent et vendent textiles, verrerie, céramique et articles de mode. Tout est produit localement, et la finition soignée de ces pièces les rend beaucoup plus séduisantes que les mêmes proposées dans les souks de Marrakech.
beldicountryclub.com
Km 6, Route de Barrage
+ 212 5 24 38 39 50, + 212 6 79 89 26 07

Freda

CLASKA Gallery & Shop "DO"

Drake General Store

Freda

Nouvelle-Orléans, Louisiane, États-Unis

Cette minuscule boutique de Marfa, au Texas, s'est installée dans l'Ace Hotel à la Nouvelle-Orléans. Collaborant avec des créateurs de tout le Sud des États-Unis, l'enseigne propose une foule d'articles : cosmétiques, objets et bijoux artisanaux, vêtements de marques locales telles que Sara Ruffin Costello Clothing et Earth Reverie Jewelry.

acehotel.com

600 Carondelet St #130

+1 504 309 7515

CLASKA Gallery & Shop "DO"

Tokyo, Japon

Le boutique-hôtel le plus sympa de Tokyo abrite la succursale de l'une des meilleures mini-chaînes tendances du pays. Elle présente de l'artisanat traditionnel, des céramiques, de la papeterie, des vêtements et des produits de beauté de nouvelles marques asiatiques.

claska.com

1-3-18 Chuo-cho Meguro-ku

+81 3 3719 8124

11h-19h

Drake General Store

Toronto, Canada

À Toronto, le fleuron de nos commerces préférés, en face de l'hôtel Drake, combine le meilleur d'un magasin classique, d'un marché aux puces et d'une boutique d'hôtel et de musée. Les articles dessinés sur place sont vendus à côté d'éditions limitées, et d'un éventail de marques locales et internationales.

drakegeneralstore.ca

1151 Queen Street West

+1 416 538 2222

Lundi-sam. 10h-20h, dim. 11h-18h

Droog Shop Amsterdam

Amsterdam, Pays-Bas

L'immeuble de design Droog accueille magasins, restaurants, conférences, événements et un espace de détente au dernier étage. Les boutiques présentent des créateurs hollandais de premier plan comme Antoine Peters et Spijkers en Spijkers, de petits objets design, des produits de la marque Droog et des cosmétiques de marques difficiles à se procurer. Suivez un cours de yoga dans la cour ou buvez un thé dans l'enchanteur Fairy Tale Garden.

droog.com

Staalstraat 7A/B

+31 0 20 523 50 50

9h-19h

Farm Shop

Franschhoek, Afrique du Sud

Si vous séjournez au Babylonstoren, une ferme-auberge hollandaise datant du 17e siècle, à 1 h à l'est du Cap, profitez-en pour faire un tour à la boutique et acheter des produits de la ferme : confitures, alcools, conserves, savons, huile d'olive ou encore du vin de la cave de l'hôtel.

babylonstoren.com

+27 0 21 863 3852

9h-17h

La Boutique Les Bains Paris

Paris, France

Installé dans l'ancienne et légendaire boîte de nuit du même nom, ce concept-store propose quelques œuvres d'art, des produits pour le bain et des cosmétiques disposés à côté de marques de luxe telles que Pierre Hardy et Delphine Delafon. Et pourquoi ne pas prolonger ce moment au Spa ou au bar, très agréable pour siroter un verre ou déguster le brunch du week-end ?

laboutique.lesbains-paris.com

+33 1 40 29 10 10

PARTIE IX

Faire durer le plaisir

Laisser l'esprit vagabonder

Avons-nous atteint notre but ?

Nous y sommes presque.

Après ces quelques pages, vous avez peut-être noté le nom d'une ville à visiter ou d'un restaurant à tester. Peut-être avez-vous décidé de vous lancer en dehors des sentiers battus, ou de partir quelque part, n'importe où ! D'ores et déjà, vous savez que voyager rime avec évasion et joie, passion, effort et récompense.

Heureux de savoir que nous sommes sur la même longueur d'onde !

Les touristes passent d'agréables moments en vacances ; les voyageurs sont prêts au dépaysement - un changement qui ouvre l'esprit, modifie la perception et transforme parfois l'existence. Bien sûr, vous ne vivrez pas nécessairement ce genre d'expérience en passant un week-end chez des amis à Madrid ou en famille à Montpellier.

Ce processus se met en marche à chaque fois que l'on pose un regard neuf sur les choses familières. Quand nous imaginons notre foyer d'une façon différente, en étant à des milliers de kilomètres. Quand nous nous lançons dans une aventure périlleuse et que nous nous en sortons bien. Quand nous vivons le présent intensément. Un mot à la mode désigne cela : la pleine conscience.

Il n'est pas facile de demeurer pleinement conscient, notamment quand la routine quotidienne s'installe. Se réveiller, manger, travailler, dormir, et recommencer. Les voyages offrent une occasion de briser ce cycle, en suivant trois conseils : préparer le voyage, ralentir une fois sur place, puis prolonger les sensations de retour à la maison. Quel que soit le périple que vous entreprenez, l'expérience vécue peut améliorer votre qualité de vie.

Page de gauche : image de vacances colorées.
Cette page : profiter des plaisirs simples de la vie

PRÉPARER

Voyager c'est d'abord rêver. En préparant une voyage à Bora-Bora 6 mois à l'avance (par exemple) plutôt qu'en prenant un billet à la dernière minute, vous aurez de longs mois devant vous pour faire les plus beaux projets et pensez aux images de rêve qui vous attendent.

De nombreuses études ont montré que prévoir ses vacances donne autant, ou plus, de bonheur avant que pendant, même si votre séjour est très agréable sur place.

Ayant fait l'expérience de ces deux méthodes, nous avons vu la différence. Et nous recommandons même une immersion totale dans l'ambiance avec le départ : lisez des livres en lien avec le pays que vous allez visiter, écoutez des groupes de musique locaux, regardez des documentaires à la télévision, discutez avec des amis, peaufinez votre itinéraire, et faites un compte à rebours - plus qu'à 10 jours du paradis ! Vous accroîtrez grandement votre sentiment de bonheur imminent !

Page de droite : olives à déguster en Grèce. Cette page, droite : à l'heure du spritz en Italie ; bas : jeux de voyage à l'ancienne

RALENTIR

Voyager lentement constitue un bon moyen d'échapper à une série de sites incontournables (la tour de Pise, la fontaine de Trévi, le Colisée, Pompéi, en moins de 7 jours !) pour vivre des expériences plus concrètes. L'essentiel étant de consacrer plus de temps à accomplir moins de choses et mieux.

Cela ne signifie pas que l'on doive abandonner toute activité touristique ; certains sites ne sont pas célèbres par hasard. À l'évidence, si vous êtes à Florence, vous irez contempler la statue de David. Il s'agit d'une des sculptures les plus magnifiques du monde. Mais une fois sur place, prenez votre temps. Flânez. Asseyez-vous. Esquissez un croquis. Bavardez avec d'autres visiteurs du musée ou avec un guide. Soyez réceptif, méditatif, ne vous pressez pas. Cette disposition d'esprit vous permettra d'apprécier vraiment ce que vous promettaient vos vacances : une occasion de se détendre et de se ressourcer.

Au lieu d'accumuler, apprenez à savourer. Dites-vous que vous avez tout le temps. Imaginez que vous puissiez revenir dans quelques années. Et devinez quoi ? C'est possible ! Prolongez votre déjeuner comme si vous viviez au coin de la rue. Si vous visitez 3 ou 4 lieux importants et non 12 à la va-vite, vous repartirez avec une idée plus approfondie des endroits découverts. Au lieu de suivre un programme exhaustif, faites les choses bien.

FAIRE DURER LE PLAISIR

Nous qui n'attendons qu'une occasion de rompre avec notre quotidien pour partir vers d'autres horizons, il faut avouer que, quelles que soient la destination et la durée du voyage, nous sommes la plupart du temps ravis de revenir chez nous. Il n'y a rien d'extraordinaire à cela. Pourquoi ne pas aimer les deux ? Il s'agit seulement de profiter au maximum où que vous soyez. Ce n'est pas uniquement une question de caractère ; souvent notre travail nous oblige à revenir.

Il y a tellement d'histoires de vie différentes et de personnages rencontrés en voyage. Chacun a sa propre histoire heureuse ou tragique parfois. Et cela nous fait réfléchir sur notre propre vie. Si nous rencontrons des populations qui se battent pour survivre, cela influencera sûrement notre comportement au quotidien en remettant les valeurs à leur place. Et nous trouverons probablement inutile notre prochaine visite dans un magasin de déco pour un objet futile dont nous n'avons absolument pas besoin.

Voyager nous aide à voir ce que nous avons en commun mai aussi qui nous différencie du reste de la planète aujourd'hui.

CONSEIL #13

En tirer le meilleur

Vous êtes venus, vous avez vu et avez conquis. À présent, que faire pour tirer le maximum de vos voyages ?

Organisez un dîner pour faire découvrir à vos amis les spécialités que vous avez découvertes, avec une ambiance musicale du pays dont vous revenez.

Encadrez comme un tableau vos souvenirs rapportés du voyage. Billets de train, dépliants et cartes postales peuvent être disposés sur un mur, rappel quotidien de vos vacances.

Quand l'expérience vous a marqué, renouvelez-la : retrouvez ce vin croate que vous avez adoré à Rovinj, regardez les films du studio Ghibli après avoir visité Mitaka, tricotez un pull avec la laine d'alpaga achetée au Pérou.

Adoptez de nouveaux rituels quotidiens. Portez des pantoufles allemandes dans votre appartement. Échangez votre peignoir pour un *yukata*. Versez le cidre comme un Asturien : à un mètre au-dessus de la table, sans regarder le verre.

Continuez à voyager à la maison. Regardez des films qui se passent dans les lieux que vous avez visités. Lisez des livres d'auteurs autochtones. Préparez une paëlla, un *pho* ou un *biryani* compliqué. Allumez une bougie parfumée à la cannelle (Sri Lanka), à la lavande (Provence) ou à la rose (Maroc).

Offrez des objets souvenirs à vos amis, ainsi que vos guides de voyage, afin de les aider à préparer leur propre périple.

PARTIE X

À emporter

Conseils de voyage et astuces essentiels

Pas besoin d'avoir acquis des millions de miles sur une carte de fidélité pour voyager comme un pro. Avec quelques connaissances, un peu d'organisation et d'inventivité, vous irez au bout du monde.

Regardez la validité de vos pièces d'identité.
Consultez la réglementation de votre pays de délivrance. En règle générale, la plupart des pays demandent un passeport valide six mois après votre voyage. Si le vôtre expire avant, pensez à le faire renouveler avant de partir.

Chez vous, conservez les objets essentiels de voyage dans un seul endroit.
Si vous rangez les objets indispensables (monnaie étrangère, documents de vaccination, couvertures, adaptateurs électriques...) dans un seul tiroir, vous ne serez plus jamais saisi de la panique du style : « Où est passé mon passeport ?! » juste avant de prendre l'avion.

Faites l'achat d'une valise de qualité.
De préférence, équipée de roues pivotantes. Il s'agit de faire glisser, pas de traîner péniblement vos bagages.

Renseignez-vous sur les formalités d'entrée.
S'agissant des exigences en matière de visas et vaccins, consultez les sites Internet des ambassades ou consulats concernés, ou le site du ministère des Affaires étangères (diplomatie.gouv.fr). L'institut Pasteur fournit des renseignements médicaux par pays, notamment les vaccinations recommandées (pasteur.fr/fr/centre-medical).

Prenez l'avis de votre médecin.
Une fois effectuées les recherches sur votre destination, consultez votre médecin avant le départ et effectuez les éventuelles vaccinations ou commencez le traitement antipaludéen.

Restez joignable.
Le cas échéant, signalez-vous sur le site du ministère des Affaires étrangères, ou auprès de votre ambassade ou consulat local afin qu'ils puissent vous contacter en cas d'urgence.

Vérifiez votre forfait téléphonique.
De nombreux opérateurs offrent des options afin de rester connecté en voyage. Renseignez-vous auprès de votre opérateur.

Connaissez votre assurance auto.
Et vérifiez la couverture offerte par votre carte bancaire avant de louer une voiture.

Mettez à contribution votre réseau.
Demandez à votre entourage - amis, famille, Instagram, Facebook - des conseils sur votre destination.

Préparez vos itinéraires.
Sur Google Maps, placez une étoile sur tous les lieux que vous souhaitez visiter. Téléchargez la carte sur votre téléphone pour un accès rapide hors connexion.

Lisez des romans qui se déroulent dans le pays à découvrir.
Plonger dans un livre sur l'endroit où l'on se trouve permet de mieux appréhender une culture étrangère.

Mettez à jour votre arsenal d'applications.
Faites la liste : méditation, sport, cartes, météo, convertisseur de monnaie.

Page de gauche : la beauté sauvage de Big Sur

Photocopiez vos documents.
Avant le départ, faites des photocopies de vos passeport, itinéraire, ordonnances médicales et numéros de téléphone importants.
Conservez-en un exemplaire chez vous et emportez-en un second exemplaire. Scannez ces documents, envoyez-les par mail à vos proches.

Tirez le meilleur parti de votre carte de crédit.
Tâchez d'utiliser une carte avec laquelle vous ne paierez pas de commissions sur les transactions internationales ou partenaire d'une compagnie aérienne afin de gagner des points.

Munissez-vous d'une gourde.
Il y a assez de plastique au fond de l'océan.

Ayez une batterie de rechange.
Prenez une batterie externe pour votre téléphone. Gardez-la chargée avec vous en permanence.

Emportez prises et écouteurs pour deux.
Une multiprise électrique peut être utile, et un répartiteur audio vous permettra d'écouter et voir le même film avec votre compagnon de voyage.

Identifiez vos bagages.
Mettez une étiquette ou un ruban sur votre valise afin de l'identifier facilement au milieu d'un océan de bagages noirs.

Prenez un jeu de cartes ou des dés.
Laissez-les au fond de votre valise afin de ne pas les oublier.

Voyagez léger.
Préparez les vêtements que vous prévoyez d'emporter, puis réduisez de moitié la pile. Vous ne les porterez pas tous de tout façon.

Emportez un nécessaire de voyage.
Écouteurs, paracétamol, mouchoirs, baume pour les lèvres, gouttes pour les yeux, stylo, lingettes... Fourrez tout cela dans un petit sac pour un accès facile pendant les trajets.

Utilisez des petits sacs.
Emballez vos affaires dans des sacs – chaussures, linge sale, maillots de bain, sous-vêtements, chargeurs – afin que tout reste accessible. Prenez un sac en plus pour les achats effectués sur place.

Disposez les objets fragiles au milieu de la valise.
Mettez-les dans des sachets en plastique fermables, avant de les glisser parmi vos chaussettes et pulls.

Organisez votre trousse de toilette.
Si vous conservez des produits de toilette avec vous durant le vol, adaptez les contenants à la réglementation : pas plus de 100 ml en cabine (dentifrice, shampoing, nettoyant pour le visage, déodorant). Établissez une liste des articles nécessaires, vous n'aurez plus à réfléchir lors du prochain voyage.

Emportez une écharpe.
Elle peut servir de couverture, de coupe-vent et de protection contre le soleil, en occupant un espace minimal.

N'oubliez pas la trousse de premiers secours.
Pansements pour les coupures et les ampoules, mélatonine pour le décalage horaire, antiacide pour les brûlures d'estomac, etc.

Faites des réserves de médicaments.
Si vous suivez un traitement, n'oubliez pas vos ordonnances et prenez assez de médicaments avec vous au cas où votre vol serait retardé. Conservez-les toujours dans votre bagage cabine.

Téléchargez musique et films.
Chargez sur votre tablette ou autre appareil programmes, chansons et livres la veille de votre départ.

Notez les choses dans un carnet.
Au cas où la batterie de votre téléphone vous trahirait, écrivez l'adresse et le n° de téléphone de l'endroit où vous allez dormir.

Répartissez vos espèces et cartes et emportez un faux portefeuille.
Rangez argent, cartes bancaires et autres objets importants dans plusieurs sacs et poches. Si vous vous rendez dans une destination à risques, prenez un portefeuille leurre (rempli de quelques billets et vieilles cartes) qu'il sera aisé de céder en cas d'incident fâcheux.

Évitez la panique des bagages perdus.
Mettez dans votre bagage cabine chaussettes, sous-vêtements et articles de toilette supplémentaires, plus un peu d'argent, au cas où votre valise enregistrée se perdrait.

Choisissez les bons vêtements.
Portez des vêtements confortables à l'aéroport, sans être négligé, avec des chaussures faciles à enfiler. Évitez les couches excessives d'habits pour les contrôles, et, si vous êtes élégant, vous pourrez éventuellement être surclassé.

Adaptez-vous au nouveau fuseau horaire.
Dès que l'avion décolle, réglez votre montre sur l'heure de votre destination.

Dormez en voyage.
Afin d'obtenir ce qui se rapproche le plus d'une bonne nuit de sommeil, mettez des bouchons d'oreilles et un masque pour les yeux. Un oreiller tour de cou sera bien utile lors d'un vol long courrier.

Faites des étirements pendant le vol.
Levez-vous et remuez-vous. Au moment de débarquer, vous serez plus en forme.

Gardez allumée la localisation de votre téléphone.
Au cas où vous égariez celui-ci.

Prévoyez un plan B avec vos compagnons de voyage.
Envisagez plusieurs scénarios en cas de problèmes, en déterminant à l'avance points de rencontre et plans de secours.

Gardez de la monnaie pour les pourboires.
Et débarrassez-vous des gros billets dès que possible.

Marchez. Et marchez encore.
La meilleure façon pour découvrir une ville est de la parcourir à pied, avec l'esprit ouvert. Vous avez vu quelque chose d'intéressant ? Passez la tête à l'intérieur, dites bonjour et engagez une conversation.

Utilisez les espaces publics.
Si vous souhaitez utiliser des toilettes propres ou reposer vos pieds, les halls d'hôtel peuvent être accueillants et anonymes. En cas d'urgence, les réceptionnistes parlent souvent des langues étrangères. Les bibliothèques publiques sont un endroit agréable pour faire une petite sieste, utiliser gratuitement Internet ou rechercher des informations.

Portez de bonnes chaussures de marche.
Les voyages ne sont pas le bon moment pour étrenner des chaussures toute neuves.

Économisez votre batterie.
Réglez votre téléphone sur « économie d'énergie » même si vous avez 100 % de charge.

Prenez des photos, puis reposez votre appareil.
C'est super de prendre des photos. Mais certains des meilleurs souvenirs se font en gardant les mains libres.

Faites-vous des amis où que vous alliez.
Comme ça, vous aurez toujours des gens à voir, des canapés pour dormir, des cartes postales à envoyer et des histoires à raconter.

Index

Les auteurs

JERALYN GERBA

Mi-pragmatique, mi-nostalgique, et très enthousiaste, Jeralyn a grandi dans une maison remplie de livres qui ont stimulé sa curiosité pour les gens, les lieux et les objets. Elle a commencé à voyager lorsqu'elle eut gagné assez d'argent grâce à ses jobs d'été. Alors qu'elle était à New York à l'université, elle a aussi étudié l'histoire de l'art en Italie, la politique et la sociologie en Afrique du Sud, et la cuisine en Louisiane. En écrivant ses premiers articles sur l'art, la culture, la vie nocturne et la cuisine, elle s'est rendu compte qu'elle préférait partager son expérience avec les autres.

Jeralyn avait une prédilection pour les villes, jusqu'au jour où elle a commencé à grimper sur les volcans, nager dans les lagunes et faire du vélo dans des pays éloignés. Aujourd'hui, ses destinations préférées sont des endroits en pleine mutation – sans doute parce qu'ils rappellent sans cesse que rien n'est figé. Cela lui donne l'occasion de capter ces transformations, et l'oblige à accepter l'inconnu. Pour Jeralyn, les meilleurs voyages sont ceux qui vous lancent un défi, vous apportent une révélation, et elle se réjouit de bons petits plats à préparer de retour chez elle.

PAVIA ROSATI

Pavia a pris l'avion pour la première fois à l'âge de neuf mois, lorsque sa mère italienne l'a emmenée rencontrer ses grands-parents dans leur villa près de Venise, voyage qu'elle a refait chaque année jusqu'à l'université. Résultat, ses camarades américains pensaient qu'elle était trop italienne (« Où as-tu déniché ces chaussures ? ») et ses tantes italiennes trouvaient qu'elle était trop yankee (« Tu vas manger *quoi* pour dîner ? »). D'autres périples initiatiques lui ont fait découvrir la Russie d'avant la Pérestroïka, où elle a appris à voyager léger, et Prague après la chute du mur de Berlin, où elle s'est habituée à se débrouiller sans guide de voyage.

Exploratrice acharnée ayant vécu à Paris, Londres et New York, elle a passé sa carrière à promouvoir les talents émergents dans les domaines de la culture, du spectacle, de la gastronomie et des voyages. Elle est particulièrement attirée par les maisons anciennes et les cuisines, car la manière dont nous vivons au quotidien révèle beaucoup de choses sur nous-mêmes et nos origines. Elle trouve son bonheur à discuter autour d'une table avec de vieux et nouveaux amis.

Jusqu'ici, Jeralyn et Pavia ont visité 3 continents ensemble et 6 séparément. Elles ont encore d'innombrables voyages en perspective.

Remerciements

Cet ouvrage rassemble des informations recueillies au fil du temps, au cours de périples réussis ou ratés, voyages de presse, lunes de miel, réunions de famille, études à l'étranger, dans des livres empruntés à la bibliothèque et dans des magazines. S'y ajoutant d'innombrables renseignements reçus grâce à notre merveilleux réseau d'amis et de contributeurs de Fathom dans le monde entier. Il aurait été impossible de concevoir un tel livre sans les idées et les suggestions de notre communauté.

Voyager autrement n'aurait pas été envisageable sans la précieuse collaboration de Berit Baugher et de Daniel Schwartz.

Berit Baugher, rédactrice en chef et employée n°1 de Fathom, nous a soutenues contre vents et marées, lors de dîners, au bureau et dans d'innombrables halls d'hôtel. Elle est toujours la première à repérer idées et tendances nouvelles ; son goût judicieux et son sens du détail magnifient chaque projet que nous entreprenons.

Daniel Schwartz, rédacteur, constitue un élément stabilisateur dans le monde parfois chaotique des start-up. Toujours prêt à partir, à goûter, tester et photographier le long du chemin, il est le meilleur exemple du voyageur : énergique et ouvert à la découverte.

Quelques personnes ont commencé à soutenir notre entreprise avant même son lancement. Nous pensons à vous, John D'Aquila, Juliana Jaoudi, Kenneth McVay, Bob Pittman et Eliot Wadsworth. Nous souhaitons également remercier Primary, notre espace de travail à New York.

Stephanie March est notre chère amie *et* notre bonne fée. Nous admirons non seulement le sens de l'aventure de cette voyageuse si stimulante, mais aussi son engagement dans des causes humanitaires.

Les membres de nos familles sont nos compagnons de voyage les plus chers. Grâce à leur soutien et à leurs encouragements, nous avons pu faire le tour du monde. Écrire est notre spécialité, mais nous manquons de mots pour exprimer l'amour et la gratitude que nous ressentons à l'égard de Justin et Gemma Carter, les Gerba, Ben Schott et Giacomo Rosati.

Nous souhaitons également remercier notre équipe chez Fathom, nos auteurs et nos amis :

Abigail Radnor, Alpana Deshmukh, Alex Burgel, Anna Petrow, Becky Cheang, Camillia BenBassat et le Team Avec, Christina Ohly, Crystal Meers, Delfina Forstmann, Erica Firpo, Helena Madrid, Jessica Cantlin, Kate Donnelly, Katie McKnoulty, Kelsey Burrow, Kim VanderVoort, Larkin Clark, Linda Cabasin, Matthew Pelc, Paul Jebara, Rachel Kurlander, Tess Falotico et Victoria Lewis.

Comme tant d'entrepreneurs qui ont davantage d'idées que de temps, nous désirions depuis longtemps écrire un livre, mais c'est un mail de Melissa Kayser qui a produit l'étincelle menant à l'ouvrage que vous tenez entre vos mains. Nos remerciements à l'équipe de Hardie Grant : Jane Grant, Megan Cuthbert, Allison Hiew et Renee Senogles, pour avoir fait du processus de création d'un livre sur plusieurs continents une merveilleuse collaboration. Nous prenons déjà des notes pour la deuxième édition.

Nos remerciements vont enfin à vous, cher lecteur, pour avoir passé du temps en notre compagnie à travers le monde. Nous avons commencé Fathom dans le but de partager nos découvertes, qui, sans cela, resteraient insignifiantes. Nous avons très envie de connaître vos prochaines destinations, donc taguez vos aventures #TravelsWithFathom sur Instagram et passez-nous le bonjour à @FathomWaytoGo.

CRÉDITS PHOTOS

Les images sont reproduites avec la permission des photographes et sociétés listés ci-dessous (quand plusieurs images apparaissent sur la même page, les numéros sont suivis d'une lettre, de haut en bas et de gauche à droite)

Couverture : GettyImage; 4eme de couverture : Adobe Stock/ Bernadett, Kisa_Markiza, ermess ; Alpana Deshmukh ii, 168, 169, 170a, 170b; The Traveling Light 2; Daniel Schwartz 4a, 20b, 171, 185a, 185b; Pavia Rosati 4b, 19a, 21, 94a, 94b, 158b, 159, 163a; Larkin Clark 4c, 9a, 13a, 16b, 16c; Justin Carter 5; Fynn Schmidt/Unsplash 8; Nicola Brasetti/Unsplash 9b; Rolf Gelpke/Unsplash 10-11; Jessica Cantlin 12; Sylvain Cleymans/Unsplash 13b; Martin Widenka/Unsplash 13c; Berit Baugher 14, 79b, 112a, 174; Mark Gray 15; Ross Belfer 16a; Tom Grimbert/Unsplash 18; Pablo García Saldaña/Unsplash 19b; Mike Yukhtenko/Unsplash 20a; Jorge Tung/Unsplash 22-23; Christopher Czermak/Unsplash 24a; Jack Anstey/Unsplash 24b; Harshil Gudka/Unsplash 24c; Ryo Yoshitake/Unsplash 25; Dave Shaw/Unsplash 26-27; Rory Doyle 30, 35a, 35b, 35c; Courtesy of Bahia Bustamante 31; Courtesy of Linkum Tours 32; Courtesy of Eremito 33; Chris Burkard 34a, 34b; Anthony Grote 36; Courtesy of Sal Salis Ningaloo Reef 38-39; Courtesy of Wild Bush Luxury 40-41; Moritz Krebs / courtesy of Soneva Fushi 42; Courtesy of Intrepid Travel 43, 46-47; Courtesy of The Ranch Malibu 44, 45b; Ji Pak/Unsplash 45a; Courtesy of Natural Selection 48a; Courtesy of Whynot Adventure 48b, 48c; Ralph Lee Hopkins / courtesy of Natural Habitat Adventures 49; Courtesy of Coral Expeditions 50, 51a; Courtesy of Robin Pope Safaris 51b; Amy Murrell 54, 56b; Eric Wolfinger 55a; Sharon Cairns / courtesy of Jackalope 55b, 57; Garrett Rowland 56a; Erik Olsson / courtesy of Faviken 59; Courtesy of Babylonstoren 60-61; Melanie Lewis of The Mhor Collection 62a, 62b, 62c, 62d; Courtesy of Belmond Le Manoir aux Quat'Saisons 63; Courtesy of Serenbe 64; J. Ashley 65a; Ali Harper 65b; Courtesy of Don Alfonso 1890 66; Magnus Mårding 67a, 67c; Claudio Aversa 67b; beall + thomas photography 68a, 68b; Charity Burggraaf 68c, 70-71; Nicolas Castillo / courtesy of Vik Retreats 69; Galen Crout 72; Courtesy of La Grenouillère 73a, 73b; Marion Michele/Unsplash 76; Max van den Oetelaar/Unsplash 77; Zhgn_/Unsplash 78; Taylor Davis/Unsplash 79a; Yulinar Rusman/Unsplash 81a; Paolo Bendandi/Unsplash 81b; Kalle Kortelainen/Unsplash 82-83; Madalena Veloso/Unsplash 84; Robert Bye/Unsplash 85a; Jeralyn Gerba 85b, 112b, 113a, 132c, 149a, 153b; Andrew Charney/Unsplash 86-87; Courtesy of Hubud 90; Matt Garies/Unsplash 92-93; Courtesy of Telliskivi Creative City 95a, 95b; Jared Rice/Unsplash 96-97; Judah Guttmann/Unsplash 98; Néstor Morales/Unsplash 99; Courtesy of The Working Capitol 100; Franz Navarette / courtesy of Hubud 101a ; Courtesy of Ministry of New 101b; Courtesy of Crew Collective 102; Courtesy of ninetytwo13 by Tokyo Chapter 103a; Annie Spratt/Unsplash 103b; courtesy of Hubud 104-105; Jason Cooper/Unsplash 110; Gabriel Jimenez/Unsplash 111; Midhun George/Unsplash 113b; Lava Lavanda/Unsplash 113c; Marc Lecureuil 114; Owen Morgan / courtesy of The Great Projects 115; Abigail Keenan/Unsplash 116-117; Daniel Burka/Unsplash 118-119; Pia Riverola 122; Alex Fradkin 124, 125a, 125b; Courtesy of Shipwreck Lodge/Natural Selection 126a; Courtesy of Aman 126b; César Béjar 127; Courtesy of Casa Bonay 128, 144; Charles Reagan 129; Y. Deguchi 130-131; Tim Wright/Unsplash 132a; Undine Pröhl 132b; Chris Spira 132d, 133; Adrian Gaut 134; Courtesy of Ett Hem 135a, 135b; Courtesy of Zero George 136; Kara Rosenlund 137a; Nick Simonite 137b, 138c, 143a, 143b, 146-147, 148a; Courtesy of Wythe Hotel 138a; Courtesy of American Trade Hotel 138b; Simon Brown 139; Courtesy of Zannier Hotels 140, 142; Courtesy of Alila Hotels & Resorts 141a; Courtesy Liberty Hotel 141b; Elsa Hahne 145a; Courtesy of Sir Savigny Hotel 145b; Courtesy of Alabama Hotel 148b; Pedro Silva Correia149b; Courtesy of Tribal Hotel 150-151; Courtesy of Island Outpost 152, 154c, 155; Thomas Habr/Unsplash 153a; Courtesy of L'Hotel 154a; Courtesy of The Savoy Hotel 154b; Courtesy of Villa Feltrinelli 156, 157a; George Apostolidis 157b; Courtesy of Delaire Graff Lodges and Spa 158a; Grégoire Gardette / courtesy of La Réserve Paris 158c; Courtesy of Jesse Walsh + Dreamtown Co. 160, 162; Courtesy of Ventana Big Sur, an Alila Resort 161a; Courtesy of Wild Coast Tented Lodge 161b; Chris Strong 163b; Courtesy of Poketo at The Line Hotel 164a; Ash James 164b ; Courtesy of Beldi Country Club 164c; Alex Marks 165a; Courtesy of CLASKA Gallery & Shop "DO" 165b; Courtesy of Drake General Store 165c

Ci-dessus, en haut : l'équipe de Fathom : Daniel, Pavia, Jeralyn et Berit ; en bas : les auteurs Jeralyn Gerba et Pavia Rosati

hachette
TOURISME

Aussi soigneusement qu'il ait été établi, ce livre n'est pas à l'abri de changements de dernière heure.
Faites-nous part de vos remarques par e-mail à l'adresse suivante: evasion@hachette-livre.fr

Pour nous lire : www.guide-evasion.fr
Facebook @GuideEvasion
Instagram @guideevasion
Twitter @guideevasion

Hachette Tourisme
58, rue Jean-Bleuzen, CS 70007,
92178 Vanves cedex

Direction Sidonie Chollet

Direction éditoriale Cécile Petiau

Responsable de collection Catherine Laussucq

Traduit et adapté de l'anglais par
Henri Marcel et Marc Sigala

Édition Ghislaine Ouvrard avec la collaboration de Joséphine Bonneau

Mise en pages Maogani

Création graphique couverture
Thibault Reumaux

Ce guide a été établi par
Jeralyn Gerba et Pavia Rosati

Publié pour la première fois en Australie en 2019, sous le titre : *Travel Anywhere (and Avoid Being a Tourist)*

© Hardie Grant Publishing 2019, Sydney 2019
www.hardiegrant.com/au/travel
© Hachette Livre (Hachette Tourisme) 2020 pour la traduction et l'édition française.

Tous droits de traduction, d'adaptation et de reproduction réservés pour tous pays.
La marque Évasion est une marque déposée.

Imprimé et relié en Chine par Leo Paper Products Ltd.

Achevé d'imprimer en mai 2020

Dépôt légal juin 2020

ISBN 978-2-01-628191-8

Collection 25 - Édition 01

N° de codification 42-1550-6

Conformément à une jurisprudence constante (Toulouse, 14-01-1887), les erreurs ou omissions involontaires qui auraient pu subsister dans ce guide, malgré nos soins et les contrôles de l'équipe de rédaction, ne sauraient engager la responsabilité de l'éditeur.